Cálculo de prestaciones de la Seguridad Social

Ástor García Suárez

Autor: Ástor García Suárez
Maquetación: Ediciones Nobel

Impresión: Cimapress (Arganda del Rey, Madrid)
ISBN: 978-84-283-4507-1
Depósito legal: M-13360-2020

Impreso en España

Autor

Ástor García Suárez es licenciado en Derecho por la Universidad de Oviedo y Máster en Prevención de Riesgos Laborales por la Universidad Politécnica de Madrid.

Ejerce la docencia en centros de Educación Secundaria y de Formación Profesional desde 2009 como profesor de la especialidad de Formación y Orientación Laboral, impartiendo actualmente los módulos de Formación y Orientación Laboral (FOL) y Empresa e Iniciativa Emprendedora (EIE) en ciclos formativos de Grado Medio y Superior. Asimismo, ha impartido clases de Economía, Administración de Empresas y Prevención de Riesgos Laborales.

Índice

Introducción normativa

La Ley Orgánica 5/2002, de 19 de junio, de las Cualificaciones y de la Formación Profesional fue el primer texto legislativo que reguló de forma exclusiva las enseñanzas profesionales en España. Una de sus novedades consistió en relacionar directamente la formación con el empleo, permitiendo las convalidaciones y equivalencias entre la Formación Profesional del sistema educativo, la Formación Profesional para el empleo y la experiencia laboral. Para poder desarrollar estas medidas se creó el Sistema Nacional de Cualificaciones Profesionales y dos instrumentos básicos: el Catálogo Nacional de Cualificaciones Profesionales y el Catálogo Modular de Formación Profesional.

Las Cualificaciones Profesionales responden a la iniciativa que impulsa el Marco Europeo de las Cualificaciones (EQF), para facilitar un espacio abierto de aprendizaje y de empleo, así como la adecuación entre oferta y demanda no solo a nivel estatal, sino entre los distintos países.

El Catálogo Nacional de Cualificaciones Profesionales ordena las cualificaciones profesionales, incluyendo el contenido de la formación profesional asociada a cada cualificación, de acuerdo con una estructura de módulos formativos articulados en un Catálogo Modular de Formación Profesional. Entre sus principales objetivos tiene el posibilitar la integración de las ofertas de formación profesional, adecuándolas a las características y demandas del sistema productivo.

Para conseguirlo, este Catálogo, además de identificar y definir las cualificaciones profesionales que requiere el sistema productivo, establece los contenidos formativos básicos que resultan necesarios para que las ofertas formativas garanticen la adquisición de las competencias profesionales apropiadas para el desempeño profesional.

Las Cualificaciones Profesionales se acreditan mediante "Títulos" de Formación Profesional del sistema educativo, y Certificados de Profesionalidad de Formación para el Empleo. Ambas acreditaciones tienen carácter oficial y son válidas en todo el Estado.

Los contenidos asociados a las cualificaciones profesionales constituyen el Catálogo Modular de Formación Profesional, que se estructura en módulos formativos.

Mediante la superación de los módulos formativos, diseñados en itinerarios específicos para cada Cualificación Profesional, se puede obtener el Certificado de Profesionalidad correspondiente. Además, se posibilita la convalidación de determinados módulos profesionales incluidos en los títulos de Formación Profesional del sistema educativo, asociados a Unidades de Competencia comunes.

El Certificado de Profesionalidad es, por tanto, el instrumento de acreditación, en el ámbito de la Administración laboral, de las cualificaciones profesionales incluidas en el Catálogo Nacional de Cualificaciones Profesionales, adquiridas a través de procesos formativos o mediante procedimientos de reconocimiento de competencias profesionales adquiridas por experiencia laboral o vías no formales de formación, regulados por el Real Decreto 1224/2009, de 17 de julio.

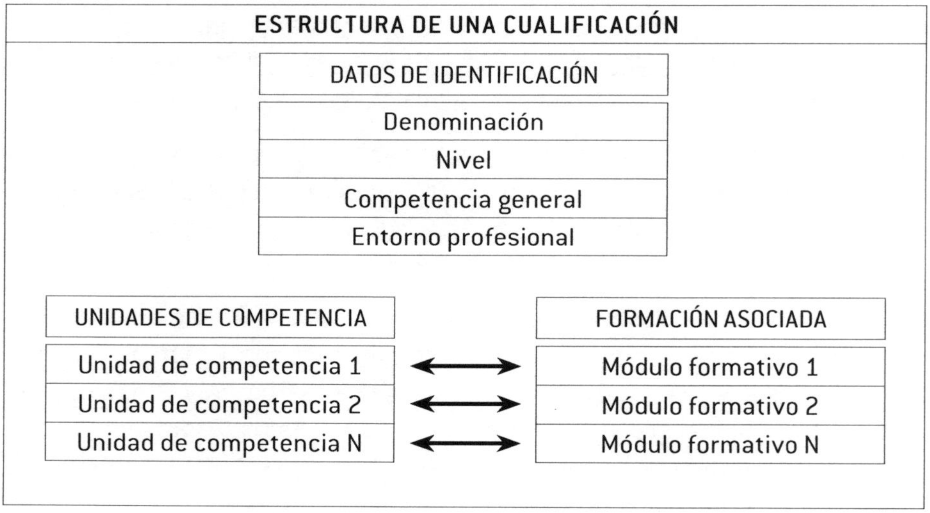

Las cualificaciones profesionales se estructuran en unidades de competencia, que se definen como agrupaciones de tareas productivas específicas que debe realizar el profesional. Las diferentes unidades de competencia de un certificado de profesionalidad conforman la Competencia General, definiendo el conjunto de conocimientos y capacidades que permiten el ejercicio de una actividad profesional determinada.

Cada unidad de competencia lleva asociado un módulo formativo, donde se describe la formación necesaria para adquirir esa unidad de competencia, pudiendo dividirse en unidades formativas.

El módulo formativo es el bloque coherente de formación asociado a cada una de las unidades de competencia que configuran la cualificación. Cada módulo formativo tiene un formato normalizado que incluye los datos de identificación y las especificaciones de la formación que se incluyen en las ofertas formativas conducentes a la obtención de los certificados de profesionalidad.

DATOS DE IDENTIFICACIÓN:

— Denominación.
— Nivel de cualificación al que se vincula.
— Unidad de competencia a la que está asociado.
— Código alfanumérico y duración en horas.

ESPECIFICACIONES DE LA FORMACIÓN:

— Capacidades: expresión de los resultados esperados de las personas en situación de aprendizaje al finalizar el Módulo Formativo.

— Criterios de evaluación: conjunto de precisiones para cada capacidad que indican el grado de concreción aceptable de la misma. Delimitan el alcance y nivel de la capacidad y el contexto en el que va a ser evaluada.

— Contenidos formativos necesarios para adquirir las competencias a las que se asocia. Requisitos básicos del contexto formativo: espacios e instalaciones y perfil profesional del formador. Estos requisitos tienen carácter orientador para la normativa básica reguladora de las ofertas formativas.

El presente libro desarrolla la Unidad Formativa denominada "Cálculo de prestaciones de la Seguridad Social", UF0342.

Dicha unidad formativa está asociada a la Unidad de Competencia UC0237_3 Realizar la gestión y control administrativo de recursos humano, que forma parte del Módulo Formativo MF0237_3 Gestión Administrativa de Personal, que se incluye en la Cualificación Profesional de referencia ADG084_3, de nivel 3, y que pertenece al Certificado de Profesionalidad denominado ADGD0208 Gestión integrada de recursos humanos de la familia profesional de Administración y gestión.

Según el Real Decreto 1210/2009, de 17 de julio, modificado por el RD 645/2011, de 9 de mayo, los contenidos que en esta obra se recogen se corresponden con una formación de 30 horas de duración.

Tanto la estructura como el desarrollo del libro se ajustan al citado Real Decreto y más concretamente a los contenidos de la Unidad Formativa 0342 que le da título "Cálculo de prestaciones de la Seguridad Social".

Contenidos

1. **Acción protectora de la Seguridad Social.**
   - Tipos de acción protectora:
     - — Asistencia sanitaria.
     - — Recuperación profesional.
     - — Prestaciones económicas por incapacidad, muerte o supervivencia.
     - — Otras prestaciones familiares.
   - Rentas de referencia en el cálculo de determinadas prestaciones:
     - — El Indicador Público de Rentas de Efectos Múltiples (IPREM).
     - — El Salario Mínimo Interprofesional (SMI).
   - Asistencia sanitaria:
     - — En el Régimen General.
     - — En los Regímenes Especiales.
     - — En los desplazamientos por Europa (Tarjeta Sanitaria Europea).
   - Tipos de prestaciones económicas y/o asistenciales:
     - — Incapacidad temporal.
     - — Riesgo durante el embarazo y lactancia natural.
     - — Nacimiento y cuidado del menor.
     - — Paternidad.
     - — Incapacidad permanente.
     - — Lesiones permanentes no invalidantes.
     - — Jubilación.
     - — Pensiones del Seguro Obligatorio de Vejez e Invalidez (SOVI).
     - — Muerte y supervivencia.
     - — Indemnización especial a tanto alzado, en los supuestos de accidente de trabajo y enfermedad profesional.
     - — Prestaciones familiares.
     - — Prestaciones por actos terroristas.
     - — Seguro Escolar.
     - — Prestaciones por desempleo (SPEE).
     - — Otras prestaciones.

Nota inicial sobre actualizaciones normativas

La presente edición del libro está actualizada tomando en consideración las modificaciones normativas realizadas hasta febrero de 2020 inclusive.

Para la actualización de los datos relativos al Salario Mínimo Interprofesional se ha tenido en cuenta el Real Decreto 231/2020, de 4 de febrero.

Para la actualización de las cuantías mínimas y máximas de las pensiones, se ha tenido en cuenta el Real Decreto Ley 1/2020, de 14 de enero. También se ha tenido en cuenta la Ley 6/2018, de 3 de julio, de Presupuestos Generales del Estado para el año 2018, dado que en 2019 se prorrogaron los PGE anteriores y, a fecha de cierre de esta edición, todavía no se han aprobado los PGE para 2020, que incluirán modificaciones en lo relativo a las bases de cotización y, previsiblemente, al importe del IPREM.

También se han tenido en cuenta las modificaciones a la Ley 16/2003 de Cohesión del Sistema Nacional de Salud, realizadas por el Real Decreto Ley 7/2018, de 27 de junio, sobre acceso universal al Sistema Nacional de Salud y, especialmente, el Real Decreto Ley 6/2019, de 1 de marzo, de medidas urgentes para la garantía de la igualdad de trato y de oportunidades entre mujeres y hombres en el empleo y la ocupación, que modificó sensiblemente las anteriores prestaciones por maternidad y paternidad.

La denominación de las normas jurídicas recogidas en el presente libro se realiza conforme a las recomendaciones de la RAE.

1. Acción protectora de la Seguridad Social

Introducción

La Constitución Española recoge en su artículo 41 que *los poderes públicos mantendrán un régimen público de Seguridad Social para todos los ciudadanos que garantice la asistencia y prestaciones sociales suficientes ante situaciones de necesidad, especialmente en caso de desempleo.*

Un poco más adelante, en el artículo 43, la misma norma reconoce el *derecho a la protección de la salud*, encomendando *a los poderes públicos organizar y tutelar la salud pública a través de medidas preventivas y de las prestaciones y servicios necesarios.*

En el artículo 50 se señala que *los poderes públicos garantizarán, mediante pensiones adecuadas y periódicamente actualizadas, la suficiencia económica a los ciudadanos durante la tercera edad. Asimismo, y con independencia de las obligaciones familiares, promoverán su bienestar mediante un sistema de servicios sociales que atenderán sus problemas específicos de salud, vivienda, cultura y ocio.*

A partir de lo que recoge la norma jurídica fundamental española, sucesivas leyes y normas de menor rango han ido configurando el sistema de Seguridad Social español.

La acción protectora de la Seguridad Social engloba las medidas establecidas en nuestro país para cubrir todas aquellas necesidades que expresamente son objeto de protección por parte del sistema de Seguridad Social, teniendo en cuenta que estas necesidades pueden variar con el paso del tiempo y que los distintos grados de protección y cobertura pueden ser también flexibles siempre que se respeten los mínimos que establece la propia Constitución Española.

Contenido

1.1. Tipos de acción protectora

Como paso previo al análisis de las distintas prestaciones que se incluyen dentro de la acción protectora de la Seguridad Social es necesario conocer el ámbito subjetivo de la misma, es decir, quiénes son los **destinatarios** de esa acción protectora.

Nuestro sistema de Seguridad Social se ha basado fundamentalmente en una figura central: **el trabajador por cuenta ajena,** tal como lo define el artículo 1.1 del Estatuto de los Trabajadores[1] (en adelante, ET). Siendo esto así, podemos comenzar diciendo que los destinatarios de la acción protectora de la Seguridad Social, como regla general, son *los trabajadores que voluntariamente presten sus servicios retribuidos por cuenta ajena y dentro del ámbito de organización y dirección de otra persona, física o jurídica, denominada empleador o empresario.*

No obstante, este ámbito subjetivo de acción protectora se ha ido ampliando con el paso del tiempo hasta incluir a sectores laborales que no entran dentro de los límites que señala el artículo 1.1 ET, o que incluso se encuentran excluidos, como los trabajadores autónomos o los funcionarios (art. 1.3.a ET), por citar solo dos ejemplos. En el sistema español de Seguridad Social tenemos no solo el Régimen General que se aplica a los trabajadores por cuenta ajena, sino también varios Regímenes Especiales (fundamentalmente el de Trabajadores Autónomos, el de Trabajadores del Mar y el de Trabajadores de la Minería del Carbón, con normas específicas para esos tipos de trabajadores). Al mismo tiempo, existen una serie de casos en los que no se exige la condición de trabajador por cuenta ajena, ni ninguna otra vinculada a la realización de una actividad laboral, para que se genere el derecho a la percepción de una prestación (como en el caso de viudedad, por ejemplo).

En cada una de las prestaciones que se estudian en el presente manual se atenderá específicamente a los destinatarios que pueden optar a ellas, pero por ahora, como primera aproximación genérica, podemos decir que existen dos **modalidades,** o vías de acceso, a las prestaciones de la Seguridad Social:

a) **Modalidad contributiva**. Que incluye a las personas que cotizan o han cotizado a la Seguridad Social (a cualquiera de sus regímenes), a través de las aportaciones deducidas a su salario y de las aportaciones que realizan las empresas por los trabajadores de su plantilla. Se incluiría en este grupo a las personas que teniendo vínculos familiares con el o la cotizante,

[1] Real Decreto Legislativo 2/2015, de 23 de octubre, por el que se aprueba el texto refundido de la Ley del Estatuto de los Trabajadores.

tengan derecho reconocido a una prestación. Un ejemplo de esta última situación son los beneficiarios de la asistencia sanitaria por ser descendientes o cónyuges de personas aseguradas (cotizantes).

b) **Modalidad no contributiva.** Que incluye a las personas que no han cotizado (contribuido), pero a quienes la ley reconoce el derecho a solicitar ciertas prestaciones. Por ejemplo las pensiones de viudedad en su modalidad no contributiva o la asistencia sanitaria y los servicios sociales para ciudadanos extranjeros en situación irregular en España.

La modalidad contributiva, la modalidad no contributiva o ambas, darán lugar al derecho a solicitar, en cada caso, las **prestaciones** que forman parte de la acción protectora de la Seguridad Social y que están enunciadas en el artículo 42 de la Ley General de la Seguridad Social[2] (en adelante, LGSS):

a) La asistencia sanitaria.

b) La recuperación profesional.

c) Prestaciones económicas en diversas situaciones personales.

d) Prestaciones familiares de la Seguridad Social.

e) Ciertas prestaciones de servicios sociales.

Estos cinco grupos de prestaciones pueden ser clasificados en dos grandes bloques partiendo de la manera en que las disfruta la persona a la que se le reconoce el derecho a cada una de ellas. Según este criterio vamos a distinguir entre las prestaciones **económicas** y las prestaciones **en especie (no económicas)**.

a) Prestaciones económicas: el beneficiario recibe, periódicamente, una cantidad de dinero. En este grupo se incluyen prácticamente todas las prestaciones incluidas en los puntos c y d del art. 42.1 de la LGSS. Algunas de las más conocidas pueden ser las prestaciones por desempleo, las pensiones de jubilación, las de viudedad u orfandad y las de incapacidad temporal.

b) Prestaciones en especie: el beneficiario no recibe una cantidad de dinero, sino la prestación de un servicio. En este grupo se incluirían, por ejemplo, la asistencia sanitaria y la recuperación profesional y las prestaciones de servicios sociales (puntos a, b y e del art. 42.1 de la LGSS)

Pasamos a continuación a verlas por separado.

---

[2] Real Decreto Legislativo 8/2015, de 30 de octubre, por el que se aprueba el texto refundido de la Ley General de la Seguridad Social.

1.1.1. La asistencia sanitaria

La LGSS dice que el sistema de la Seguridad Social engloba dentro de su acción protectora la **asistencia sanitaria en los casos de maternidad, de enfermedad común o profesional y de accidente, sea o no de trabajo.**

Se trata de la principal prestación en especie de nuestro sistema y consiste en *la prestación de servicios médicos y farmacéuticos necesarios para conservar o restablecer la salud de sus beneficiarios, así como su aptitud para el trabajo. Proporciona, también, los servicios convenientes para completar las prestaciones médicas y farmacéuticas, atendiendo, de forma especial, a la rehabilitación física precisa para lograr una completa recuperación profesional del trabajador.*

En lo concreto, el contenido de la atención sanitaria incluye las prestaciones que se recogen en el artículo 7.1 de la Ley 16/2003, de cohesión y calidad del Sistema Nacional de Salud: prestaciones correspondientes a salud pública, atención primaria, atención especializada, atención sociosanitaria, atención de urgencias, farmacéutica, ortoprotésica, de productos dietéticos y de transporte sanitario.

A estas prestaciones, las Comunidades Autónomas podrán añadir otras prestaciones si tienen recursos para ello. Esto es posible porque, en España, la asistencia sanitaria la prestan las Comunidades Autónomas, que tienen la responsabilidad financiera sobre la misma al estar las competencias transferidas.

Más adelante veremos quiénes y en qué condiciones pueden acceder a estas prestaciones.

1.1.2. La recuperación profesional

Este tipo de prestaciones fueron derogadas por la Ley 52/2003, de 10 de diciembre, de disposiciones específicas en materia de Seguridad Social. Por lo tanto, el artículo 42.b LGSS está tácitamente derogado, a pesar de que el apartado en sí se mantenga en el texto de la Ley.

Hoy en día podemos entender que estas prestaciones se han diluido dentro de las diferentes prestaciones que ofrece la asistencia sanitaria (atención sociosanitaria y atención especializada, por ejemplo).

La ley 16/2003 establece que la *atención sociosanitaria comprende el conjunto de cuidados destinados a aquellos enfermos, generalmente crónicos, que por sus especiales características pueden beneficiarse de la actuación simultánea y sinérgica de los servicios sanitarios y sociales para aumentar su au-*

tonomía, paliar sus limitaciones o sufrimientos y facilitar su reinserción social. En el ámbito sanitario esta atención comprende:

a) Los cuidados sanitarios de larga duración.

b) La atención sanitaria a la convalecencia.

c) La rehabilitación en pacientes con déficit funcional recuperable.

Y sobre la atención especializada dice que comprenderá, entre otros supuestos: *la hospitalización en régimen de internamiento y la rehabilitación en pacientes con déficit funcional recuperable.*

1.1.3. Prestaciones económicas por incapacidad, muerte o supervivencia

El punto c) del artículo 42.1 LGSS enumera una gran cantidad de prestaciones económicas derivadas de múltiples causas: *las situaciones de incapacidad temporal; nacimiento y cuidado de menor; riesgo durante el embarazo; riesgo durante la lactancia natural; ejercicio corresponsable del cuidado del lactante; cuidado de menores afectados por cáncer u otra enfermedad grave; incapacidad permanente contributiva e invalidez no contributiva; jubilación, en sus modalidades contributiva y no contributiva; desempleo, en sus niveles contributivo y asistencial; protección por cese de actividad; pensión de viudedad; prestación temporal de viudedad; pensión de orfandad; prestación de orfandad; pensión en favor de familiares; subsidio en favor de familiares; auxilio por defunción; indemnización en caso de muerte por accidente de trabajo o enfermedad profesional, así como las que se otorguen en las contingencias y situaciones especiales que reglamentariamente se determinen por real decreto, a propuesta del titular del Ministerio competente.*

Las prestaciones económicas por **incapacidad** son las que surgen para cubrir situaciones de necesidad de los trabajadores derivadas de la pérdida del salario que tiene lugar en ciertas ocasiones en las que el trabajador no puede realizar la actividad laboral.

Es necesario diferenciar entre las prestaciones derivadas de incapacidad temporal (IT) y las derivadas de incapacidad permanente (IP).

Las prestaciones económicas por **incapacidad temporal** *existen para cubrir situaciones en las que los trabajadores están impedidos temporalmente para trabajar debido a una enfermedad común o profesional y accidente, sea o no de trabajo, mientras reciban asistencia sanitaria de la Seguridad Social.*

Las prestaciones económicas por **incapacidad permanente** *existen para cubrir situaciones en las que el trabajador, después de haber estado sometido al tratamiento prescrito y de haber sido dado de alta médica, presenta reduccio-*

nes anatómicas o funcionales graves, susceptibles de determinación objetiva y previsiblemente definitivas, que disminuyen o anulan su capacidad laboral.

Por otra parte, el grupo de prestaciones que se incluyen bajo el nombre genérico de **prestaciones por muerte y supervivencia** engloba a las prestaciones que existen para cubrir situaciones de necesidad de terceras personas derivadas del fallecimiento de un trabajador, sean cuales sean las causas de este fallecimiento. En este grupo se incluyen:

- Auxilio por defunción.
- Pensión de viudedad.
- Prestación temporal de viudedad.
- Pensión de orfandad.
- Pensión en favor de familiares.
- Subsidio en favor de familiares.
- Indemnizaciones especiales en casos de muerte por accidente de trabajo o enfermedad profesional.

Por último, el artículo 42 LGSS incluye todo un catálogo de prestaciones que cubren situaciones como **el nacimiento y cuidado de menor, el riesgo durante el embarazo, el riesgo durante la lactancia natural, el ejercicio corresponsable del cuidado del lactante, el cuidado de menores afectados por cáncer u otra enfermedad grave, la incapacidad permanente, la invalidez, la jubilación, el desempleo y la prestación por cese de actividad.** Para cada uno de estos casos, el sistema español de Seguridad Social prevé una prestación económica para cubrir la pérdida de ingresos salariales del trabajador o la trabajadora derivada de los mismos. Estudiaremos en profundidad cada uno de ellos más adelante.

1.1.4. Otras prestaciones familiares

Las prestaciones familiares se establecen para hacer frente a la situación de necesidad económica o de incremento en las cargas económicas de la familia, que pueden producirse para determinadas personas por tener uno o varios hijos o menores acogidos a cargo.

En este grupo se incluyen las siguientes:

- Prestación económica por hijo o por menor a cargo en régimen de acogimiento familiar permanente o guarda con fines de adopción.
- Prestación económica por nacimiento o adopción de hijo, en supuestos de familias numerosas, monoparentales y en los casos de madres con discapacidad.

- Prestación económica por parto o adopción múltiples.

Estas tres son no contributivas.

- Prestación familiar en su modalidad contributiva.

Solo la última de estas prestaciones es contributiva.

1.2. Rentas de referencia en el cálculo de determinadas prestaciones

La cuantía de las distintas prestaciones que ofrece el sistema de Seguridad Social en España varía en función de múltiples factores. En su mayoría, las prestaciones económicas se calculan teniendo en cuenta las bases de cotización de los trabajadores que las solicitan, como veremos más adelante, pero hay ocasiones en las que es necesario establecer unos indicadores, conocidos como **rentas de referencia,** a partir de los cuales establecer criterios para la adjudicación y reparto de las prestaciones.

En nuestro sistema contamos, en la actualidad, con dos rentas de referencia fundamentales, no excluyentes, que son el **Indicador Público de Rentas de Efectos Múltiples (IPREM) y el Salario Mínimo Interprofesional (SMI).**[3]

1.2.1. El Indicador Público de Rentas de Efectos Múltiples (IPREM)

Este indicador se creó en 2004 y sirve como referencia del nivel de renta *para determinar la cuantía de determinadas prestaciones o para acceder a determinadas prestaciones, beneficios o servicios públicos.* Por ejemplo, el IPREM se utiliza para valorar si tenemos derecho a acceder a una beca de estudios, a una subvención o para establecer el límite para acceder a una vivienda de protección oficial.

La cuantía del IPREM se fija cada año a través de la Ley de Presupuestos Generales del Estado, pero desde 2017 se ha mantenido congelado en las siguientes cantidades:

IPREM diario: 17,93 euros.

IPREM mensual: 537,84 euros.

IPREM anual en 12 pagas: 6.454,03 euros.

IPREM anual en 14 pagas: 7.519,59 euros.

---

[3] Datos legales de cada uno de los indicadores en RDL 3/2004 de 25 Jun. (racionalización del salario mínimo interprofesional e incremento de su cuantía).

Su uso **no es obligatorio** para las Comunidades Autónomas, la administración local (ayuntamientos y diputaciones), así como para las ciudades autónomas de Ceuta y Melilla, que pueden fijar sus propios índices si así lo consideran oportuno.

A los efectos que aquí nos interesan, el IPREM se utiliza para fijar:

- Las cuantías mínima y máxima de la prestación por desempleo a nivel contributivo.
- La cuantía del subsidio por desempleo.
- La cuantía de la renta activa de inserción.
- La cuantía del subsidio por desempleo de trabajadores eventuales del Régimen Especial Agrario.
- La cuantía de la renta agraria para trabajadores eventuales del Régimen Especial Agrario.

1.2.2. El Salario Mínimo Interprofesional (SMI)

Este indicador cumple una función principal: sirve como garantía salarial mínima de los trabajadores por cuenta ajena. Es decir, ningún trabajador a jornada completa podrá cobrar menos de la cantidad fijada en el SMI.

El SMI solo indica el mínimo salario que legalmente se puede percibir, pero puede ser mejorado en el contrato de trabajo o por los convenios colectivos.

En el caso de que el trabajador tenga una jornada inferior a la completa, el SMI disminuye en la misma proporción que la jornada. Por ejemplo, para un trabajador a media jornada (50 % del horario), la cuantía del SMI se sitúa igualmente en el 50 %.

Al igual que el IPREM, el SMI es fijado anualmente, pero en este caso a través de un Real Decreto. Su cuantía para 2020 es la siguiente:

SMI diario: 31,66 euros.

SMI mensual: 950 euros.

SMI anual (en 14 pagas): 13.300 euros.

A los efectos de prestaciones de Seguridad Social, el SMI se utiliza como referencia, por ejemplo, para:

- Fijar las bases mínimas de cotización en los regímenes de la Seguridad Social, incrementadas en un sexto.
- Fijar los requisitos de acceso y, en su caso, mantenimiento de las pensiones de viudedad, orfandad, prestaciones en favor de familiares, presta-

ciones familiares y por nacimiento o adopción del tercer o sucesivos hijos, así como el importe de la prestación económica por parto o adopción múltiples, establecida en el artículo 359 y siguientes del texto refundido de la Ley General de la Seguridad Social.

- Fijar los requisitos para el acceso y mantenimiento de las prestaciones que integran el sistema de protección por desempleo, en los términos que se determinen reglamentariamente.

1.3. Asistencia sanitaria

Las prestaciones por asistencia sanitaria son el ejemplo más característico de las prestaciones en especie o no económicas. Las personas que disfrutan de estas prestaciones no perciben por ello ninguna cantidad económica, sino ciertos servicios relacionados con la salud.

El artículo 42.1.a LGSS incluye como primer elemento de la acción protectora de la Seguridad Social a *la asistencia sanitaria en los casos de maternidad, de enfermedad común o profesional y de accidente, sea o no de trabajo.*

Por asistencia sanitaria entendemos los servicios, médicos y farmacéuticos, necesarios para conservar o restablecer la salud, así como la aptitud para el trabajo, y también los servicios complementarios a la atención médica y farmacéutica como la rehabilitación física. Estos servicios son prestados por el Sistema Nacional de Salud (SNS).

1.3.1. En el Régimen General

Según el art. 3[4] de la Ley 16/2003, de Cohesión y Calidad del Sistema Nacional de Salud, son titulares del derecho a la protección de la salud y a la atención sanitaria quienes tengan nacionalidad española y las personas extranjeras que tengan su residencia en territorio español. Para hacer efectiva esa asistencia con cargo a fondos públicos, deberán, además:

Tener reconocido su derecho a la asistencia sanitaria en España por cualquier otro título jurídico, aun no teniendo su residencia habitual en territorio español, siempre que no exista un tercero obligado al pago de dicha asistencia.

Ser persona extranjera y con residencia legal y habitual en el territorio español y no tener la obligación de acreditar la cobertura obligatoria de la prestación sanitaria por otra vía.

---

[4] Modificado por el Real Decreto Ley 7/2018, de 27 de julio, sobre el acceso universal al Sistema Nacional de Salud.

Esta cobertura incluye también, expresamente, a las personas extranjeras no registradas ni autorizadas como residentes en España, siempre que:

a) No tengan la obligación de acreditar la cobertura obligatoria de la prestación sanitaria por otra vía, en virtud de lo dispuesto en el derecho de la Unión Europea, los convenios bilaterales y demás normativa aplicable.

b) No puedan exportar el derecho de cobertura sanitaria desde su país de origen o procedencia.

c) No exista un tercero obligado al pago.

Contenido de la asistencia sanitaria

En lo concreto, la asistencia sanitaria comprende toda una serie de prestaciones o servicios de carácter preventivo, diagnóstico, terapéutico, rehabilitador y de promoción y mantenimiento de la salud dirigidos a los ciudadanos.

Todos ellos se incluyen en la denominada cartera común de servicios del Servicio Nacional de Salud, que presenta las siguientes modalidades:

a) **La cartera común básica de servicios asistenciales del SNS** comprende todas las actividades asistenciales de prevención, diagnóstico, tratamiento y rehabilitación que se realicen en centros sanitarios o sociosanitarios, así como el transporte sanitario urgente, cubiertos de forma completa por financiación pública.

b) **La cartera común suplementaria del SNS** incluye todas aquellas prestaciones cuya provisión se realiza mediante dispensación ambulatoria y están sujetas a aportación del usuario: prestación farmacéutica, prestación ortoprotésica, prestación con productos dietéticos y el transporte sanitario no urgente, sujeto a prescripción facultativa, por razones clínicas y con un nivel de aportación del usuario acorde al determinado para la prestación farmacéutica.

c) **Cartera común de servicios accesorios del SNS** incluye todas aquellas actividades, servicios o técnicas, sin carácter de prestación, que no se consideran esenciales y/o que son coadyuvantes o de apoyo para la mejora de una patología de carácter crónico, estando sujetas a aportación y/o reembolso por parte del usuario.

Por otra parte, **las Comunidades Autónomas,** en uso de las competencias en materia de atención sanitaria que tengan transferidas, podrán aprobar sus propias carteras de servicios que incluirán, al menos, la cartera común de servicios del SNS, en sus modalidades básica de servicios asistenciales, suplementaria y de servicios accesorios, la cual debe garantizarse a todos los usuarios del mismo.

Las **principales prestaciones sanitarias** incluidas en las distintas carteras del SNS son las siguientes:

Salud Pública: es el conjunto de iniciativas organizadas por las Administraciones públicas para preservar, proteger y promover la salud de la población. Por ejemplo los programas para facilitar el abandono del consumo de tabaco.

Atención primaria: es el nivel básico e inicial de atención, que comprenderá actividades de promoción de la salud, educación sanitaria, prevención de la enfermedad, asistencia sanitaria, mantenimiento y recuperación de la salud, así como la rehabilitación física y el trabajo social. Son las prestaciones que, con carácter general, se prestan en los centros de salud de pueblos y ciudades.

Atención especializada: es la que garantiza la continuidad de la atención integral al paciente, una vez superadas las posibilidades de la atención primaria y hasta que aquél pueda reintegrarse en dicho nivel. Son las prestaciones que ofrecen los profesionales sanitarios especialistas, como oftalmólogos, otorrinos, etc.

Atención sociosanitaria: la atención sociosanitaria comprende el conjunto de cuidados destinados a aquellos enfermos, generalmente crónicos, que por sus especiales características pueden beneficiarse de la actuación simultánea y sinérgica de los servicios sanitarios y sociales para aumentar su autonomía, paliar sus limitaciones o sufrimientos y facilitar su reinserción social. Un ejemplo puede ser la atención geriátrica o los cuidados paliativos.

Atención de urgencia: en los casos en que la situación del paciente obliga a una atención sanitaria inmediata. Se dispensará tanto en centros sanitarios como fuera de ellos, incluyendo el domicilio del paciente, durante las 24 horas del día, mediante la atención médica y de enfermería.

Prestaciones farmacéuticas: la prestación farmacéutica comprende los medicamentos y productos sanitarios y el conjunto de actuaciones encaminadas a que los pacientes los reciban de forma adecuada a sus necesidades clínicas, en las dosis precisas según sus requerimientos individuales, durante el período de tiempo adecuado y al menor coste posible para ellos y la comunidad.

Prestación ortoprotésica: la prestación ortoprotésica consiste en la utilización de productos sanitarios, implantables o no, cuya finalidad es sustituir total o parcialmente una estructura corporal, o bien de modificar, corregir o facilitar su función. Comprenderá los elementos precisos para mejorar la calidad de vida y autonomía del paciente.

Productos dietéticos: la prestación de productos dietéticos comprende la dispensación de los tratamientos dietoterápicos a las personas que padezcan determinados trastornos metabólicos congénitos, la nutrición enteral domiciliaria para pacientes a los que no es posible cubrir sus necesidades nutricionales, a causa de su situación clínica, con alimentos de uso ordinario.

Transporte sanitario: el transporte sanitario, que necesariamente deberá ser accesible a las personas con discapacidad, consiste en el desplazamiento de enfermos por causas exclusivamente clínicas, cuya situación les impida desplazarse en los medios ordinarios de transporte. Esta prestación se facilitará de acuerdo con las normas que reglamentariamente se establezcan por las Administraciones sanitarias competentes.

1.3.2. En los Regímenes Especiales

En lo referente a la asistencia sanitaria, las particularidades que presentan los distintos Regímenes Especiales de la Seguridad Social son escasas. Como regla general, las prestaciones son las mismas para todos los regímenes, pero es necesario hacer referencia a cada uno de ellos por separado.

Desde el 1 de enero de 2012, los trabajadores por cuenta ajena y los empresarios incluidos en el **Régimen Especial Agrario**[5], así como los trabajadores anteriormente incluidos en el **Régimen Especial de los Empleados del Hogar**[6], están integrados en el Régimen General, por tanto se les aplican los mismos criterios que ya hemos visto en el punto anterior en materia de asistencia sanitaria.

Los trabajadores incluidos en el **Régimen Especial de los Trabajadores Autónomos (RETA)** y en el **Régimen Especial de la Minería del Carbón,** la prestación se les reconoce en los mismos términos que a los trabajadores del Régimen General.

En el caso de los trabajadores y pensionistas incluidos en el **Régimen Especial de Trabajadores del Mar** se les reconoce la asistencia sanitaria, por enfermedad común, maternidad y accidente no laboral, con igual extensión y condiciones que en el Régimen General, pero con la particularidad de que esa asistencia sanitaria, cuando estén en territorio español, se la proporciona el Instituto Social de la Marina (ISM), excepto en aquellas Comunidades Autónomas donde las funciones del ISM estén transferidas, donde lo prestará el Servicio de Salud correspondiente.

---

5 Según la Ley 28/2011, de 22 de septiembre, por la que se procede a la integración del Régimen Especial Agrario de la Seguridad Social en el Régimen General de la Seguridad Social.

6 Según la Ley 27/2011, de 1 de agosto, sobre actualización, adecuación y modernización del sistema de Seguridad Social.

1.3.3. En los desplazamientos por Europa (Tarjeta Sanitaria Europea)

Las personas con nacionalidad española y las personas extranjeras con residencia establecida en territorio español pueden solicitar la Tarjeta Sanitaria Europea (TSE) que les da derecho a recibir las prestaciones sanitarias necesarias durante su estancia temporal en el territorio del Espacio Económico Europeo y Suiza, en las mismas condiciones que los asegurados de ese país.

Las prestaciones sanitarias, en este caso, se recibirán de acuerdo con la legislación del país de estancia independientemente de que se esté en ese país por turismo, estudios o realizando una actividad profesional.

Al referirse a estancias temporales, la TSE no permite acceder a asistencia sanitaria cuando se haya trasladado la residencia a otro Estado miembro ni cuando el objetivo del desplazamiento a ese Estado miembro sea específicamente para recibir tratamiento médico.

La TSE es válida por un plazo de dos años, siempre que se mantengan las condiciones que dieron lugar a su obtención.

1.4. Tipos de prestaciones económicas y/o asistenciales

A continuación pasamos a estudiar, una por una, las distintas prestaciones económicas y asistenciales que no quedan incluidas en la asistencia sanitaria que acabamos de ver en el anterior capítulo.

Se trata de un campo muy amplio, con multitud de casos específicos y particularidades. Por ello vamos a plantear, a modo de introducción, algunos elementos generales previos que pueden ayudar a la mejor comprensión posterior de cada una de las prestaciones.

En primer lugar, es necesario adelantar que, en un gran número de las prestaciones siguientes, nos encontraremos con que la cuantía a percibir se calcula a partir de lo que se denomina *base reguladora*. Esta base, que generalmente es de cómputo diario, es un importe que se obtiene, en cada caso, de las *bases de cotización* por distintos conceptos del trabajador causante o del beneficiario de la prestación. Las bases de cotización vienen reflejadas en la nómina de cada trabajador y en el documento denominado TC-2 que la empresa envía regularmente a la Tesorería General de la Seguridad Social.

En segundo lugar, es necesario indicar que, salvo que expresamente se indique otra cosa, las prestaciones económicas corren a cargo del INSS o de las Mutuas de Accidentes de Trabajo y Enfermedades Profesionales.

En tercer lugar, es necesario indicar que principalmente se estudian las prestaciones para los trabajadores encuadrados en el Régimen General de la Seguridad Social (RGSS), pero que se hará referencia también a supuestos relativos a trabajadores encuadrados en los Regímenes Especiales de la Seguridad Social que existen en nuestro sistema.

El objetivo del presente capítulo es tratar de responder a las siguientes dudas que se nos pueden plantear a la hora de enfrentarnos a cada prestación:

- ¿Qué situaciones protege la prestación?
- ¿A qué personas cubre?
- ¿Qué requisitos son necesarios para poder percibirlas?
- ¿Cómo se calcula el importe de la prestación?
- ¿Cuál es la duración de la prestación?
- ¿Cómo se extingue el derecho a percibir la prestación?

Las condiciones del derecho a las prestaciones

El art. 165 LGSS establece lo que se denominan l*as condiciones del derecho a las prestaciones* en el caso del RGSS, que son las siguientes:

1) Con carácter general, los trabajadores por cuenta ajena deben estar afiliados y en alta o en situación asimilada al alta en el RGSS en el momento de sobrevenir la contingencia o la situación protegida, salvo que una disposición legal indique expresamente lo contrario.

2) Cuando se trate de prestaciones cuya concesión o cuantía esté subordinada, además de a lo anterior, al cumplimiento de períodos de cotización previos (el denominado *período de carencia*), solo se computarán las cotizaciones efectivamente realizadas o aquéllas que la LGSS o los reglamentos de desarrollo expresamente asimilen a ellas.

3) Las cuotas correspondientes a la situación de incapacidad temporal, maternidad, paternidad, riesgo durante el embarazo o riesgo durante la lactancia natural computan a los efectos de períodos previos de cotización exigidos para acceder a algunas prestaciones.

4) No se exigirán períodos previos de cotización para el derecho a las prestaciones que se deriven de accidente, sea o no de trabajo, o de enfermedad profesional, salvo disposición legal expresa en contrario.

5) *El período de suspensión con reserva del puesto de trabajo, contemplado* en el artículo 48.10 del ET, tendrá la consideración de período de cotización

efectiva a efectos de las correspondientes prestaciones de la Seguridad Social por jubilación, incapacidad permanente, muerte o supervivencia, maternidad, desempleo y cuidado de menores afectados por cáncer u otra enfermedad grave.

6) *El período por maternidad o paternidad que subsista a la fecha de extinción* del contrato de trabajo, o que se inicie durante la percepción de la prestación por desempleo, será considerado como período de cotización efectiva a efectos de las correspondientes prestaciones de la Seguridad Social por jubilación, incapacidad permanente, muerte y supervivencia, maternidad, paternidad y cuidado de menores afectados por cáncer u otra enfermedad grave.

La situación asimilada al alta en la Seguridad Social

El art. 166 LGSS tipifica los casos de *situación asimilada al alta* que hemos mencionado y que veremos en varias ocasiones:

1) La situación legal de desempleo total durante la que el trabajador perciba prestación por dicha contingencia.

2) La situación durante el período correspondiente a vacaciones anuales retribuidas que no hayan sido disfrutadas con anterioridad a la finalización del contrato, salvo para los subsidios por riesgo durante el embarazo y durante la lactancia natural.

3) *Los casos de excedencia forzosa, traslado por la empresa fuera del territorio nacional, convenio especial con la Administración de la Seguridad Social y los demás que señale el Ministerio de Empleo y Seguridad Social,* podrán ser asimilados a la situación de alta para determinadas contingencias, con el alcance y condiciones que reglamentariamente se establezcan.

4) Los trabajadores comprendidos en el RGSS se considerarán en situación de alta a efectos de accidentes de trabajo, enfermedades profesionales y desempleo, aunque su empresario hubiere incumplido sus obligaciones. Igual norma se aplicará a los exclusivos efectos de la asistencia sanitaria por enfermedad común, maternidad y accidente no laboral.

5) Durante las situaciones de huelga y cierre patronal el trabajador permanecerá en situación de alta especial en la Seguridad Social.

Pasamos ahora a estudiar cada una de las prestaciones.

1.4.1. Incapacidad Temporal

El artículo 45.1.c del Estatuto de los Trabajadores (ET) establece como causa de suspensión del contrato de trabajo *la incapacidad temporal de los trabajadores*.

La suspensión del contrato de trabajo tiene como consecuencia principal para las partes contratantes, trabajador y empresario, la exoneración de las principales obligaciones de cada uno de ellos, es decir, la obligación de trabajar y la obligación de remunerar el trabajo, respectivamente.

Por tanto, la prestación por Incapacidad Temporal (en adelante, IT) es una prestación **contributiva** y **económica** que existe con el objetivo de **cubrir las situaciones en que los trabajadores estén impedidos temporalmente para trabajar debido a una enfermedad común o profesional y accidente, sea o no de trabajo, mientras reciban asistencia sanitaria de la Seguridad Social, así como los períodos de observación que sean necesarios en caso de enfermedad profesional en que la baja laboral prescriba.** Esta prestación se regula en los arts. 169 a 176 LGSS.

Antes de introducirnos en el estudio de estas prestaciones es conveniente aclarar algunos conceptos que se van a utilizar repetidamente a lo largo de este punto:

Por **accidente de trabajo** (o accidente laboral) entendemos, según el art. 156 LGSS: *toda lesión corporal que el trabajador sufra con ocasión o por consecuencia del trabajo que ejecute por cuenta ajena.*

Por **enfermedad profesional** entendemos, según el art. 157 LGSS: *la contraída a consecuencia del trabajo ejecutado por cuenta ajena en las actividades que se especifiquen en el cuadro que se apruebe por las disposiciones de aplicación y desarrollo de esta Ley, y que esté provocada por la acción de los elementos o sustancias que en dicho cuadro se indiquen para cada enfermedad profesional.* El cuadro al que se refiere este artículo está recogido en el Real Decreto 1299/2006[7].

Ambas contingencias, denominadas conjuntamente **contingencias profesionales,** se cubren mediante la cotización de los trabajadores y las empresas a través de la Base de Cotización por Contingencias Profesionales (o Base de Cotización por AT y EP).

[7] Real Decreto 1299/2006, de 10 de noviembre, por el que se aprueba el nuevo cuadro de enfermedades profesionales.

Por **período de observación** entenderemos, según el art. 176.1 LGSS *el tiempo necesario para el estudio médico de la enfermedad profesional cuando haya necesidad de aplazar el diagnóstico definitivo.*

Por **accidente no laboral** entendemos, según el art. 158.1 LGSS: *el que, conforme a lo establecido en el artículo 156, no tenga el carácter de accidente de trabajo.*

Por último, entendemos por **enfermedad común,** según el art. 158.2 LGSS: *las alteraciones de la salud que no tengan la condición de accidentes de trabajo ni de enfermedades profesionales.*

El accidente no laboral y la enfermedad común denominadas conjuntamente **contingencias comunes,** se cubren mediante la cotización de los trabajadores y las empresas a través de la Base de Cotización por Contingencias Comunes.

Específicamente en el caso de las prestaciones por IT, el hecho de que la baja médica venga ocasionada por una enfermedad común o un accidente no laboral, por una parte, o por una enfermedad profesional o un accidente de trabajo, por otra, es fundamental para determinar la cuantía y la duración de la prestación, así como la entidad responsable de su abono al trabajador.

Aparte de las contingencias comunes y las contingencias profesionales, la prestación por IT cubre una tercera situación: los períodos de observación por enfermedad profesional en los que se prescriba la baja laboral.

En resumen, **¿qué situaciones protege la prestación por IT?:**

1) Las bajas laborales derivadas de enfermedad común o profesional y accidente, laboral o no, mientras el trabajador reciba asistencia sanitaria de la Seguridad Social y esté impedido para el trabajo.

2) Los períodos de observación por enfermedad profesional en los que se prescriba la baja laboral.

¿A quién cubre la prestación por IT?

Como regla general, para poder percibir esta prestación es necesario ser trabajador por cuenta ajena, encontrarse en la situación que da derecho a la prestación y encontrarse afiliado, en alta o en situación asimilada al alta en la Seguridad Social.

Por otra parte, la normativa española exige que, además de cumplirse los requisitos anteriores, el trabajador también acredite un **período previo de coti-**

zación a la Seguridad Social. Esta exigencia se produce **únicamente** para los casos de derecho a prestación por IT derivada de **enfermedad común**: 180 días cotizados dentro de los cinco años inmediatamente anteriores al hecho causante. Esto es lo que se denomina **período de carencia**. En el caso de IT derivada de accidente, laboral o no, no se exige ninguna cotización previa para acceder a la prestación.

En el caso de trabajadores a tiempo parcial se aplicarán los criterios establecidos en el artículo 245 y siguientes de la LGSS.

¿Cómo se calcula el importe de la prestación por IT?

Aquí es donde resulta fundamental distinguir bien si la baja que da derecho a la percepción de la prestación se produce por enfermedad común o por enfermedad profesional o accidente de trabajo.

En el primer caso (enfermedad común), tomaremos como referencia para calcular el importe de la prestación la Base de Cotización por Contingencias Comunes (en adelante, BCCC) de la nómina del mes inmediatamente anterior al hecho causante, mientras que en el segundo caso (enfermedad profesional o accidente de trabajo), tomaremos como referencia la Base de Cotización por Contingencias Profesionales (AT y EP) de la nómina del mes anterior al hecho causante, excluyendo las horas extraordinarias si las hubiera.

a) Cálculo de la prestación en el caso de **enfermedad común**:

En primer lugar es necesario calcular **la base reguladora**, que se obtiene mediante la siguiente fórmula:

$$BR = \frac{BCCC\ del\ mes\ anterior\ a\ la\ baja}{30\,(si\ el\ salario\ es\ mensual)\ o\ los\ días\ cotizados\ en\ el\ mes\ anterior\ a\ la\ baja\,(salario\ diario)}$$

Como se ve en la fórmula, es necesario tener en cuenta si el salario del trabajador se calcula mensualmente o de forma diaria. En el primero de los casos, el denominador será siempre 30, mientras que en el caso del salario diario[8], el denominador será el número de días del mes correspondiente (31,30, 29 o 28).

Si el trabajador hubiera ingresado en la empresa en el mismo mes de la baja o en el mes inmediatamente anterior al inicio de la baja, para calcular la base reguladora se tomará la BCCC de dicho mes y se dividirá por el número de días efectivamente cotizados en el mismo mes o en el mes natural anterior a la baja, según el caso.

---

[8] El salario se computa mensualmente para los trabajadores encuadrados en los grupos 1 a 7 de cotización. Del 8 al 11 su salario se computa diariamente.

En todo caso, la base reguladora resultante será siempre **diaria.**

Una vez se obtenga la base reguladora, se procede a aplicar un porcentaje que determina el importe que efectivamente se percibirá. En el caso de prestaciones por IT derivadas de enfermedad común, hemos de atender a la siguiente tabla:

Días de baja	Cuantía
1º, 2º y 3º	No se cobra prestación*
4º al 20º	60 % de la BR
21º y siguientes	75 % de la BR

*A pesar de que la legislación de Seguridad Social establece como regla general que durante los tres primeros días de baja por enfermedad común no se percibe prestación, es necesario señalar que la propia LGSS reconoce la posibilidad de lo que se denominan **mejoras voluntarias.** Se trata de *mejoras en las prestaciones que pueden ser acordadas por las empresas, en cuyo caso las costearán a su exclusivo cargo*, y que es frecuente encontrar en lo referente a la cobertura de los tres primeros días de baja por IT.

En este caso nos encontramos con que la empresa corre con los gastos de la prestación en algunos supuestos. Lo vemos en la siguiente tabla:

Días de baja	Quién paga
1º, 2º y 3º	Empresa (solo si hay mejora voluntaria)
4º al 15º (12 días)	Empresa
16º a 20º (5 días)	INSS o Mutua
21º en adelante	INSS o Mutua

Como se puede comprobar, a partir del día 16º de la baja, el pago de la prestación al trabajador la realiza el INSS o la Mutua de Accidentes de Trabajo y Enfermedades Profesionales, dependiendo de qué opción haya tomado la empresa en cuanto a la cobertura de las contingencias comunes y/o profesionales.

b) Cálculo de la prestación en el caso de **accidente de trabajo y enfermedad profesional (AT y EP):**

En primer lugar es necesario calcular la **base reguladora,** que se obtiene mediante la siguiente fórmula:

$$BR = \frac{Base\ AT\ y\ EP\ mes\ anterior - horas\ extra}{Días\ cotizados\ en\ el\ mes\ anterior} + \frac{Horas\ extra\ del\ año\ anterior\ a\ la\ baja}{365\,(salario\ diario)\ ó\ 360\,(salario\ mensual)}$$

En este caso hemos de aclarar que las horas extra a computar en el segundo sumando son las del año natural anterior a la fecha de la baja, es decir, el período entre el 1 de enero y el 31 de diciembre.

Por otra parte, al igual que en el caso de la enfermedad común, el denominador por el que dividimos la Base de AT y EP será variable en función de la forma de cálculo del salario del trabajador. Si este se calcula de forma mensual, el denominador será siempre 30, mientras que si se calcula de forma diaria, el denominador será el número de días del mes correspondiente (31, 30, 29 o 28)

La BR diaria resultante no se percibe íntegramente: para toda la duración de la baja por IT, y desde el día posterior al de baja, se percibe el 75 % de la Base Reguladora.

En el caso de IT derivada de accidente de trabajo o enfermedad profesional, el día de la baja (el día del accidente) no se computa y corre siempre a cargo de la empresa. Posteriormente, toda la prestación correrá a cargo del INSS o de la Mutua de AT y EP.

c) Cálculo de la prestación en el caso de **observación:**

Al tratarse de períodos derivados de la enfermedad profesional, para el cálculo de la prestación por IT en este supuesto habrá que estar a lo regulado para las prestaciones por IT derivadas de contingencias profesionales.

En la siguiente tabla se resume **todo lo visto sobre la prestación por IT:**

Prestación por Incapacidad Temporal (IT)			
Contingencia	Días	Cuantía	Quién paga
Enfermedad Común / Accidente no laboral	1º, 2º y 3º	No hay (salvo mejora voluntaria)	Empresa (si hay mejora voluntaria)
	4º a 15º (12 días)	60 % de la BR	Empresa
	16º a 20º (5 días)	60 % de la BR	INSS o Mutua
	Del 21º en adelante	75 % de la BR	INSS o Mutua
Accidente de trabajo y enfermedad profesional	Desde el día siguiente a la baja	75 % de la BR	INSS o Mutua
Período de observación derivado de EP	Desde el día siguiente a la baja	75 % de la BR	INSS o Mutua

¿Cuál es su duración?

La prestación por IT está vinculada a la existencia de una baja médica. Por lo tanto, la duración de la prestación será la que determine esa baja médica y los sucesivos partes de confirmación que el facultativo emita.

En todo caso, la ley sí prevé una **duración máxima** para la prestación por IT: 365 días.

Este límite temporal no es absoluto. En el caso de que el trabajador agote los 365 días, el INSS, a través de los órganos competentes, procederá a evaluar, calificar y revisar la IT del trabajador y podrá optar por alguna de las siguientes vías:

- Prorrogar expresamente la IT durante un máximo de 180 días más, si se presume que el trabajador pueda recibir el alta en ese período de prórroga.
- Emitir el alta médica.
- Determinar la iniciación de un expediente de incapacidad permanente.

En el caso de los períodos de observación por enfermedad profesional, la duración máxima será de 6 meses prorrogables por otros 6 cuando se estime necesario para el estudio y diagnóstico de la enfermedad.

Posibilidad de denegación, anulación o suspensión del derecho

El derecho a la prestación puede ser denegado, anulado o suspendido en caso de que:

- Exista actuación fraudulenta del beneficiario para obtener o conservar el subsidio.
- El beneficiario trabaje por cuenta propia o ajena.
- El beneficiario rechace o abandone el tratamiento sin causa razonable.
- El beneficiario no comparezca a cualquiera de los reconocimientos médicos a que le convoque el INSS o la Mutua. Será suspensión cautelar hasta que se comprueben las razones de la no comparecencia.

¿Cómo puede extinguirse la prestación por IT?

Por otra parte, el derecho al subsidio por IT **se extingue**:

- Por transcurso del plazo máximo de duración y prórroga desde la baja médica (545 días).

- Por alta médica.
- Por ser dado de alta el trabajador, con o sin declaración de incapacidad permanente.
- Por el reconocimiento de la pensión de jubilación.
- Por incomparecencia injustificada del beneficiario a los exámenes y reconocimientos médicos establecidos por el INSS o la Mutua.
- Por fallecimiento del beneficiario.

La IT en los Regímenes Especiales

Hasta ahora nos hemos referido específicamente al caso de trabajadores que se encuentren de alta en el Régimen General de la Seguridad Social, pero hemos de tener en cuenta qué ocurre en los Regímenes Especiales.

Con carácter general, el trabajador deberá estar en situación de alta en el Régimen Especial de que se trate y, cuando sea responsabilidad de los trabajadores, estar al corriente en el pago de las cuotas correspondientes.

Como ya hemos visto, los **Regímenes Especiales Agrario** y de **Empleados de Hogar** quedaron integrados, desde el 1 de enero de 2012, en el Régimen General.

En el caso específico de los trabajadores del **Régimen Especial de la Minería del Carbón,** la prestación se reconoce en los mismos términos y condiciones que en el RGSS, excepto por una cuestión: Cuando la incapacidad derive de contingencias comunes, la base reguladora será la *base normalizada* que corresponda al trabajador, en cada momento, según la categoría profesional que tuviera al iniciarse dicha situación.

En el caso específico de los trabajadores del **Régimen Especial de los Trabajadores del Mar** tienen las prestaciones reconocidas en los mismos términos que en el RGSS, pero para algunos grupos profesionales el pago del subsidio se realizará directamente por el Instituto Social de la Marina (ISM). Si son autónomos, no cabe la posibilidad de optar por la cobertura de la IT derivada de contingencias comunes con una Mutua.

En el caso específico de los trabajadores del **Régimen Especial de Trabajadores Autónomos (RETA),** la prestación se reconoce en los mismos términos que en el RGSS, pero con algunas particularidades:

- La cobertura de la IT por contingencias comunes es obligatoria desde 2008, debiendo formalizarse con una Mutua colaboradora de la Seguridad Social.

- La cobertura de la IT por contingencias profesionales es obligatoria desde 2019, excepto para quienes estén incluidos en el sistema especial para trabajadores por cuenta propia agrarios. Esta cobertura debe formalizarse con la misma entidad que la anterior.

1.4.2. Riesgo durante el embarazo y lactancia natural

El Estatuto de los Trabajadores recoge en su artículo 45.1.e) como una de las causas de suspensión del contrato de trabajo el *riesgo durante el embarazo* y el *riesgo durante la lactancia natural de un menor de nueve meses.*

La suspensión, repetimos lo que ya hemos dicho en el caso de la IT, supone para las partes de un contrato de trabajo la exoneración de las obligaciones principales del mismo, es decir: la obligación de trabajar y la obligación de remunerar el trabajo, por lo tanto es lógico que exista una prestación pública que evite la situación de necesidad que puede producirse ante la ausencia de ingresos por la actividad laboral.

A la hora de estudiar esta prestación, hemos de tener en cuenta que da cobertura a dos causas distintas de suspensión del contrato de trabajo: el riesgo durante el embarazo, por una parte, y el riesgo durante la lactancia natural, por otra. Se trata de dos situaciones distintas, aunque con elementos en común.

El artículo 26.1 de la Ley de Prevención de Riesgos Laborales[9] (LPRL, en adelante), establece con claridad que, de existir *un riesgo para la seguridad y la salud o una posible repercusión sobre el embarazo o la lactancia*" de las trabajadoras, "*el empresario adoptará las medidas necesarias para evitar la exposición a dicho riesgo, a través de una adaptación de las condiciones o del tiempo de trabajo de la trabajadora afectada*".

En el punto 2 del mismo artículo, se establece que *cuando la adaptación de las condiciones o del tiempo de trabajo no resultase posible o, a pesar de tal adaptación, las condiciones de un puesto de trabajo pudieran influir negativamente en la salud de la trabajadora embarazada o del feto* y se cuente con una serie de informes y certificaciones médicas, la trabajadora *deberá desempeñar un puesto de trabajo o función diferente y compatible con su estado* o, si no hubiera un puesto compatible, *podrá ser destinada a un puesto no correspondiente a su grupo o categoría equivalente, si bien conservará el derecho al conjunto de retribuciones de su puesto de origen.*

Toda esta explicación de la legislación en materia de prevención de riesgos es necesaria porque **la prestación por riesgo durante el embarazo solo cabe**

---

[9] Ley 31/1995, de 8 de noviembre, de Prevención de Riesgos Laborales.

cuando *dicho cambio de puesto no resultara técnica u objetivamente posible, o no pueda razonablemente exigirse por motivos justificados*, en cuyo caso *podrá declararse el paso de la trabajadora afectada a la situación de suspensión del contrato por riesgo durante el embarazo, contemplada en el artículo 45.1.d)*[10] *del Estatuto de los Trabajadores, durante el período necesario para la protección de su seguridad o de su salud y mientras persista la imposibilidad de reincorporarse a su puesto anterior o a otro puesto compatible con su estado.*

Estas mismas condiciones son aplicables al caso de **la prestación por riesgo durante la lactancia natural** de hijos menores de 9 meses.

Ambos supuestos son, por tanto, **prestaciones económicas y contributivas.**

Conviene señalar que, en el caso de que el riesgo para la embarazada no proceda de agentes, procedimientos o condiciones del puesto de trabajo, no existiría derecho a la suspensión del contrato y, por tanto, no existiría derecho a percibir la prestación. Esto quiere decir que, si el riesgo no estuviera vinculado a la actividad laboral realizada, no se utilizaría esta prestación, sino la de maternidad en los términos que veremos más adelante.

Es importante distinguir estas situaciones recogidas en el artículo 45.1.e) ET de lo que se conoce como "permiso de lactancia", recogido en el artículo 37.4 ET y que es un *permiso retribuido*, no ocasionando por tanto ninguna pérdida de ingresos para el trabajador[11].

¿Qué requisitos hay que cumplir para poder percibirla?

Estas prestaciones se aplican tanto a las trabajadoras por cuenta ajena como a las socias trabajadoras de sociedades cooperativas o laborales.

En ninguno de los dos supuestos se exige un período previo mínimo de cotización, al derivarse de las contingencias profesionales, pero sí es necesario que la trabajadora se encuentre en situación de afiliación y alta en la Seguridad Social.

En ambos supuestos de esta prestación, se considera a la trabajadora en situación de alta y afiliación aunque el empresario haya incumplido sus obligaciones y también se considera situación de alta especial el caso de huelga o cierre patronal.

[10] Debe entenderse referido al actual artículo 45.1.e).

[11] El permiso de lactancia del art. 37.4 ET puede ser disfrutado por hombres o mujeres, mientras que la suspensión del contrato por riesgo durante el embarazo o la lactancia natural solo es aplicable a las mujeres, pues la LPRL y la LGSS hablan concretamente de "*trabajadoras*" (LPRL) y "*mujer trabajadora*" (LGSS).

¿Cómo se calcula el importe de la prestación?

La prestación económica consiste en un subsidio correspondiente al **100 % de la base reguladora,** que se calcula de la misma forma que la base reguladora de la IT derivada de contingencias profesionales (AT y EP).

$$BR = \frac{Base\ AT\ y\ EP\ mes\ anterior - horas\ extra}{Días\ cotizados\ en\ el\ mes\ anterior} + \frac{Horas\ extra\ del\ año\ anterior\ a\ la\ baja}{365\,(salario\ diario)\ ó\ 360\,(salario\ mensual)}$$

La prestación corre a cargo del INSS o de la Mutua de Accidentes de Trabajo y Enfermedades Profesionales de la Seguridad Social en función de la entidad con la que la empresa tenga concertada la cobertura de los riesgos profesionales.

¿Cuál es su duración?

En el caso de la prestación por riesgo durante el embarazo, la prestación **nace** el mismo día en que se produzca la suspensión del contrato de trabajo por esa causa. La prestación **dura** hasta el día anterior a que se inicie la suspensión del contrato por nacimiento y cuidado del menor o hasta el día en que la mujer se reincorpore a su puesto de trabajo anterior u otro compatible con su estado.

En el caso de la prestación por riesgo durante la lactancia natural, la prestación **nace** el mismo día en que se produzca la suspensión del contrato de trabajo por esta causa y **dura** hasta el momento en que el hijo cumpla 9 meses, salvo que la beneficiaria se haya reincorporado con anterioridad a su puesto de trabajo anterior o a otro compatible con su situación.

Ambas prestaciones se extinguen, además, por fallecimiento de la trabajadora, extinción del contrato de trabajo por las causas legalmente establecidas e interrupción del embarazo o de la lactancia.

Particularidades

El Real Decreto 295/2009[12], establece una serie de criterios para situaciones especiales en que se pueda encontrar la mujer trabajadora.

a) En el caso de que la trabajadora esté contratada **a tiempo parcial:**

La base reguladora diaria será el resultado de dividir la suma de las bases de cotización acreditadas en la empresa durante los **3 meses inmediata-**

[12] RD 295/2009, de 6 de marzo, por el que se regulan las prestaciones económicas del sistema de Seguridad Social por maternidad, paternidad, riesgo durante el embarazo y riesgo durante la lactancia natural.

mente anteriores a la fecha de inicio de la suspensión del contrato, entre el número de días naturales comprendidos en dicho periodo.

Si la antigüedad de la trabajadora en la empresa fuera **menor de 3 meses,** la base reguladora de la prestación será el resultado de dividir la suma de las bases de cotización acreditadas entre el número de días naturales a que éstas correspondan.

b) En el caso de que la trabajadora tenga un **contrato para la formación y el aprendizaje,** la base reguladora será la base mínima de cotización del Régimen General[13] (en 2020: 1.108,33 euros/mes o 36,93 euros/día).

c) En el caso de **profesionales taurinas,** la base reguladora será el promedio diario que resulte de dividir por 365 la suma de las bases de cotización de los doce meses anteriores al hecho causante, o el promedio diario del período de cotización que se acredite, si este es inferior a un año.

d) En el caso de **pluriempleo** se tendrán en cuenta las siguientes particularidades:

— Cuando la suspensión del contrato de trabajo por riesgo durante el embarazo se declare en todas las actividades que realice simultáneamente la trabajadora, para la determinación de la base reguladora del subsidio se computarán todas sus bases de cotización en las distintas empresas, siendo de aplicación el tope máximo establecido a efectos de cotización.

— Si la suspensión del contrato de trabajo por riesgo durante el embarazo se declarase en una o en algunas de las actividades realizadas por la trabajadora, pero no en todas, en el cálculo de la base reguladora del subsidio solo se tomarán las bases de cotización correspondientes a las empresas en las que se produce la suspensión del contrato de trabajo, aplicando, a estos efectos, el límite que corresponda a la fracción o fracciones del tope máximo que aquéllas tengan asignado.

---

[13] Ver Boletín Sistema RED 07/2013 de la Tesorería General de la Seguridad Social: "El Real Decreto 1529/2012, de 8 de noviembre, por el que se desarrolla el contrato para la formación y el aprendizaje establece las bases de la formación profesional dual y deroga parcialmente el Real Decreto 488/1998, de 27 de marzo por el que se desarrollaban los contratos formativos, quedando incluido entre los preceptos derogados el artículo 16, en el cual se establecía que para determinar la base reguladora de las prestaciones económicas de la Seguridad Social de los trabajadores con contratos para la formación se tomaría como base de cotización el 75 % de la base mínima de cotización que correspondiera. Debido a que la cotización derivada de estos contratos se efectúa sobre una cuota mensual fija y a que en la normativa actualmente vigente no se regula de forma expresa qué base de cotización o qué fórmula debe utilizarse para el cálculo de la base reguladora de las prestaciones del sistema de Seguridad Social, **en materia de prestaciones se tendrá en cuenta la base mínima de cotización del Régimen General.**

e) En el caso de **pluriactividad,** supuestos en que la trabajadora realice simultáneamente actividades incluidas en varios regímenes del sistema de la Seguridad Social:

— Cuando la situación de riesgo durante el embarazo afecte a todas las actividades desempeñadas, tendrá derecho al subsidio en cada uno de los regímenes si reúne los requisitos exigidos de manera independiente en cada uno de ellos.

— Cuando la situación de riesgo durante el embarazo afecte a una o a alguna de las actividades realizadas por la trabajadora, pero no a todas, únicamente tendrá derecho al subsidio en el régimen en el que estén incluidas las actividades en que exista dicho riesgo.

La percepción del subsidio será compatible con el mantenimiento de aquellas actividades que la trabajadora ya viniera desempeñando con anterioridad o pudiera comenzar a desempeñar y no impliquen riesgo durante el embarazo.

Regímenes Especiales de la Seguridad Social

Hasta ahora nos hemos referido específicamente al caso de trabajadoras que se encuentren de alta en el Régimen General de la Seguridad Social, pero hemos de tener en cuenta qué ocurre en los Regímenes Especiales.

Con carácter general, la trabajadora deberá estar en situación de alta en el Régimen Especial de que se trate y, cuando sea responsabilidad de los trabajadores, estar al corriente en el pago de las cuotas correspondientes.

Como ya hemos visto, los **Regímenes Especiales Agrario** y de **Empleados de Hogar** quedaron integrados, desde el 1 de enero de 2012, en el Régimen General.

Por otra parte, tanto las trabajadoras del **Régimen Especial de la Minería del Carbón** como las del **Régimen Especial de los Trabajadores del Mar** tienen las prestaciones reconocidas en los mismos términos que las trabajadoras del Régimen General.

Las particularidades las encontramos en el **Régimen Especial de los Trabajadores Autónomos (RETA):**

a) La situación protegida no es la suspensión del contrato, que no hay en el caso de una trabajadora autónoma, sino el período de *interrupción de la actividad profesional* durante el embarazo y el período de lactancia natural cuando el desempeño de la misma pudiera influir negativamente en la salud de la trabajadora o en la del feto o en la del hijo, y así se certifique por los servicios médicos del INSS o de la Mutua competente.

b) Se percibe el 100 % de la base reguladora derivada de contingencias profesionales (AT y EP). Se utilizará la de contingencias comunes si la trabajadora autónoma no cotizara por contingencias profesionales.

c) El nacimiento del derecho se produce al día siguiente de emitirse el certificado médico correspondiente, pero no tiene efectos económicos hasta que cese efectivamente la actividad.

d) La duración de la prestación se produce en los mismos términos que en el caso de trabajadoras del Régimen General.

e) La prestación se extingue, además de por las mismas causas previstas para las trabajadoras del Régimen General, por causar baja en el RETA.

1.4.3. Nacimiento y cuidado de menor

Tras la aprobación del Real Decreto Ley 6/2019, de 1 de marzo, de medidas urgentes para la garantía de la igualdad de trato y de oportunidades entre mujeres y hombres en el empleo y la ocupación, se ha producido un importante cambio en las prestaciones, desapareciendo las anteriores prestaciones por maternidad y paternidad y transformándose en una misma prestación, así como apareciendo una nueva denominada prestación de ejercicio corresponsable del cuidado del lactante.

En lo concreto, según el art. 177 LGSS, esta prestación cubre los períodos de descanso que el Estatuto de los Trabajadores prevé para las siguientes situaciones:

La maternidad en sentido estricto o biológico.

La adopción, la guarda con fines de adopción y el acogimiento familiar, siempre que este último caso, su duración no sea inferior a un año.

El art. 48.4 ET indica que *el nacimiento, que comprende el parto y el cuidado de menor de doce meses, suspenderá el contrato de trabajo de la madre biológica durante 16 semanas, de las cuales serán obligatorias las seis semanas ininterrumpidas inmediatamente posteriores al parto.*

La novedad introducida por el RDL 6/2019 es que **se equipara la duración de la suspensión** para ambos progenitores, al señalar el nuevo redactado del ET que *el nacimiento suspenderá el contrato de trabajo del progenitor distinto de la madre biológica durante 16 semanas, de las cuales serán obligatorias las seis semanas ininterrumpidas inmediatamente posteriores al parto.*

En casos de adopción, guarda con fines de adopción y acogimiento, el 48.5 ET dice que *la suspensión tendrá una duración de dieciséis semanas para cada adoptante, guardador o acogedor. Seis semanas deberán disfrutarse a jornada completa de forma obligatoria e ininterrumpida inmediatamente después de la resolución judicial por la que se constituye la adopción o bien de la decisión administrativa de guarda con fines de adopción o de acogimiento.*

No obstante, esta completa equiparación no será totalmente efectiva hasta 2021, como veremos más adelante.

La prestación por nacimiento y cuidado del menor es una prestación económica y que admite dos modalidades: contributiva y no contributiva.

A) MODALIDAD CONTRIBUTIVA

Beneficiarios

Con carácter general, son beneficiarias las personas incluidas en el RGSS, cualquiera que sea su sexo, que disfruten los descansos previstos al efecto en el ET y siempre que acrediten los requisitos que luego veremos. En un punto aparte veremos el caso del régimen de autónomos.

Requisitos necesarios para acceder a la prestación

En primer lugar, el trabajador debe estar afiliado y en situación de alta o asimilada al alta. Se consideran situaciones asimiladas al alta, entre otras:

- La situación de desempleo total en que se perciba prestación contributiva.
- El traslado del trabajador fuera del territorio nacional.
- La maternidad precedida por IT cuando entre ellas no haya solución de continuidad.

Además, se exige un **período de cotización previo** que depende de la edad del trabajador en el momento del parto o en la fecha de la decisión administrativa o judicial de acogimiento o la resolución judicial de adopción, todo ello según el siguiente cuadro:

Edad	Período mínimo de cotización en los 7 años anteriores	Período mínimo de cotización en toda su vida laboral
Menos de 21	No hay	No hay
Entre 21 y 26	90 días	180 días
Más de 26	180 días	360 días

En el caso de **trabajadores a tiempo parcial** se aplicarán los criterios establecidos en el Real Decreto Ley 11/2003, de 2 de agosto, para la protección de los trabajadores a tiempo parcial y otras medidas urgentes en el orden económico y social.

En el caso de **pluriactividad** se disfrutará de los descansos y prestaciones en cada uno de los empleos de forma independiente e ininterrumpida. Si de ninguna manera se alcanzan los períodos de cotización exigidos para acceder a la prestación contributiva, se reconocerá el subsidio no contributivo en caso de parto.

Específicamente en el caso de **adopción, guarda con fines de adopción o acogimiento**, el ET señala que habrá derecho a la prestación si se cumplen los demás requisitos y el menor tiene menos de 6 años de edad o entre 6 y 18 y tiene una discapacidad o especiales dificultades para su inserción social y familiar. No se tiene en cuenta la edad del menor en el caso de empleados públicos integrados en el RGSS y a los que se aplique el Estatuto Básico del Empleado Público[14] (EBEP).

¿Cómo se calcula el importe de la prestación?

La base reguladora para el cálculo de la prestación por maternidad se obtiene a partir de la Base de Cotización por Contingencias Comunes del mes inmediatamente anterior al inicio del descanso y utilizando la misma fórmula que en el caso de IT derivada de contingencias comunes:

$$BR = \frac{BCCC\ del\ mes\ anterior\ a\ la\ baja}{30\,(si\ el\ salario\ es\ mensual)\,o\ los\ días\ cotizados\ en\ el\ mes\ anterior\ a\ la\ baja\,(salario\ diario)}$$

El trabajador percibirá, durante el período de descanso, el 100 % de la cuantía de la base reguladora resultante.

Si se disfruta simultánea o sucesivamente por ambos progenitores, la prestación se determinará en función de la base reguladora aplicable a cada uno.

Particularidades en cuanto al cálculo del importe de la prestación

En caso de trabajadores **contratados a tiempo parcial** la base reguladora será la que resulte de dividir las bases de cotización acreditadas en la em-

[14] Real Decreto Legislativo 5/2015, de 30 de octubre, por el que se aprueba el texto refundido de la Ley del Estatuto Básico del Empleado Público.

presa en los 12 meses anteriores a la fecha del hecho causante por 365. Si la antigüedad fuera menor, se dividen las bases de cotización entre los días naturales a que correspondan.

En el caso de **contratos para la formación y aprendizaje y en el caso de artistas y profesionales taurinos**, se aplican las mismas normas que se han visto en el caso de riesgo durante el embarazo y la lactancia natural.

En caso de **parto múltiple y de adopción o acogimiento de más de un menor**, realizados de forma simultánea, se concederá un subsidio especial por cada hijo o menor acogido, a partir del segundo, igual al que corresponda percibir por el primero, durante el período de 6 semanas inmediatamente posteriores al parto o, cuando se trate de adopción o acogimiento, a partir de la decisión administrativa o judicial de acogimiento o de la resolución judicial por la que se constituya la adopción.

En caso de **pluriempleo o pluriactividad** la base reguladora se calcula computando todas las bases de cotización correspondientes a cada una de las empresas o actividades, siendo de aplicación el tope máximo de cotización.

Específicamente cabe señalar que la suspensión del contrato por nacimiento y cuidado de menor **puede disfrutarse a tiempo parcial**, pero para ello es necesario que haya un acuerdo entre empresa y trabajador y que, en todo caso, se disfruten a jornada completa e ininterrumpidamente las primeras 6 semanas inmediatamente posteriores al parto o a la resolución judicial por la que se constituye la adopción o bien de la decisión administrativa de guarda con fines de adopción o de acogimiento.

¿Cuánto dura la prestación por nacimiento y cuidado de menor?

En el caso de nacimiento, que comprende el parto y cuidado del menor de 12 meses, la **madre biológica** tiene derecho a la suspensión del contrato (y por tanto el cobro de la prestación) durante 16 semanas (112 días), siendo las primeras 6 semanas de disfrute obligatorio e ininterrumpido. Por otra parte, solo la madre biológica tiene derecho a anticipar la suspensión por esta causa hasta 4 semanas antes de la fecha previsible del parto.

Las 16 semanas, siendo las 6 primeras obligatorias y de disfrute ininterrumpido, también se prevén para el **otro progenitor**, en caso de nacimiento, y para **cada adoptante, guardador o acogedor** en caso de adopción, guarda con fines de adopción y acogimiento.

Cabe mencionar que, en el caso de nacimiento, el fallecimiento del hijo no ocasiona la reducción de la duración de la suspensión, salvo que, una vez transcurridas las primeras 6 semanas, se solicite por el trabajador o trabajadora su reincorporación.

Las 16 semanas se amplían en una semana para cada progenitor, adoptante, guardador o acogimiento por cada hijo distinto del primero en caso de nacimiento, adopción, guarda o acogimiento múltiple. Lo mismo ocurrirá si el hijo o hija tiene alguna discapacidad.

En todos los casos, una vez transcurrido el período obligatorio de las 6 primeras semanas, **las 10 semanas restantes** se podrán disfrutar a voluntad de cada progenitor, adoptante, guardador o acogedor siguiendo los siguientes criterios:

- Siempre en períodos semanales (no días sueltos).
- De forma acumulada o interrumpida.
- Comunicando cada período previamente a la empresa con una antelación mínima de 15 días.
- A jornada completa o parcial, previo acuerdo con la empresa.
- Hasta que el menor cumpla un año, en caso de nacimiento.
- Hasta que finalice el plazo de 12 meses tras la resolución judicial que constituya la adopción o la resolución administrativa de guarda o acogimiento.
- No se puede transferir el derecho al otro progenitor, adoptante, guardador o acogedor.

En el caso de que los dos progenitores, adoptantes, guardadores o acogedores que ejerzan este derecho trabajen para la misma empresa, esta podrá limitar su ejercicio simultáneo por razones fundadas y objetivas, debidamente motivadas por escrito.

Para finalizar, es importante recordar que el período de 16 semanas, excepto para la madre biológica, solo estará totalmente implantado **a partir del 1 de enero de 2021**. Durante 2020, la duración de la suspensión para el resto de casos es la siguiente:

- <u>Otro progenitor en caso de nacimiento:</u> duración total de 12 semanas, siendo de disfrute obligatorio e ininterrumpido las primeras 4 semanas tras el parto. En este caso, la madre biológica sí podrá ceder al otro progenitor hasta dos semanas de su período de disfrute no obligatorio.
- <u>Adopción, guarda o acogimiento:</u> cada adoptante, guardador o acogedor tiene derecho a las primeras 6 semanas, de forma obligatoria,

ininterrumpida y a jornada completa. Después, ambos trabajadores tendrán derecho a disfrutar de 16 semanas voluntarias e ininterrumpidas como máximo hasta que pasen 12 meses desde la resolución judicial de adopción o administrativa de guarda o acogimiento. Es importante señalar que no se trata de 16 semanas para cada uno de ellos, sino 16 semanas en total que deberán repartirse, pudiendo como máximo cada uno de ellos disfrutar de 10 semanas del total de 16.

Posibilidad de denegación, suspensión o anulación

La prestación se podrá anular, suspender o denegar si:

- El beneficiario actúa fraudulentamente para obtener o conservar la prestación.
- El beneficiario trabaja por cuenta propia o ajena durante los períodos de descanso.

Extinción de la prestación

La prestación se extingue por:

- El transcurso de los plazos máximos de duración establecidos para el descanso.
- La reincorporación voluntaria al trabajo de la persona beneficiaria una vez transcurridas las 6 primeras semanas de disfrute obligatorio e ininterrumpido, pudiendo el otro progenitor disfrutar el período que reste, siempre respetando los plazos máximos.
- El fallecimiento de la persona beneficiaria o la adquisición de la condición de pensionista por jubilación o incapacidad permanente, salvo que el otro progenitor pueda continuar el disfrute del período que reste, siempre respetando los plazos máximos.

B) MODALIDAD NO CONTRIBUTIVA

Se prevé esta modalidad para los casos de maternidad biológica en que las trabajadoras incluidas en el RGSS cumplan con todos los requisitos para acceder a la prestación contributiva pero no alcancen el período de cotización previo exigido.

La cuantía del subsidio no contributivo, como regla general, ascenderá al 100 % del IPREM, con algunas salvedades.

El subsidio se puede percibir a partir del día del parto y su duración será de 42 días naturales ampliables por otros 14 más en ciertos casos.

Regímenes Especiales de la Seguridad Social

En todos los regímenes especiales se aplican las mismas características que hemos señalado para el RGSS en caso de la prestación por nacimiento y cuidado de menor en cuanto a duración y distribución de la prestación.

Específicamente en el caso de **trabajadores y trabajadoras incluidos en el RETA**, la prestación económica será del 100 % de la base reguladora, calculada esta dividiendo la suma de las bases de cotización acreditadas a este régimen especial durante los seis meses inmediatamente anteriores al del hecho causante entre ciento ochenta.

En el caso de no haber permanecido en alta durante la totalidad de los seis meses, la base reguladora será el resultado de dividir las bases de cotización al régimen especial acreditadas en los seis meses inmediatamente anteriores al del hecho causante entre los días en que el trabajador haya estado en alta en dicho régimen dentro de ese período.

1.4.4. Ejercicio corresponsable del cuidado del lactante

Esta nueva prestación se crea por el Real Decreto Ley 6/2019 y consiste básicamente en considerar situación protegida la reducción de la jornada de trabajo en media hora que, de acuerdo con lo previsto en el párrafo cuarto del artículo 37.4 del texto refundido de la Ley del Estatuto de los Trabajadores, lleven a cabo con la misma duración y régimen los dos progenitores, adoptantes, guardadores con fines de adopción o acogedores de carácter permanente, cuando ambos trabajen, para el cuidado del lactante desde que cumpla nueve meses hasta los doce meses de edad.

En el caso de que los dos progenitores ejerzan el derecho recogido en ese artículo del ET con la misma duración y régimen, situación que está prevista inicialmente como un permiso retribuido, el período de disfrute podrá ampliarse hasta que el lactante cumpla doce meses, pero con una reducción de jornada (y salario proporcional) entre los nueve y los doce meses de edad del menor. Esta prestación cubriría entonces esa reducción de salario, pero únicamente en uno de los progenitores.

Serán **beneficiarios** de la misma quienes cumplan con los requisitos y condiciones para percibir la prestación por nacimiento y cuidado del menor.

La prestación consiste en un **subsidio** del 100 % de la base reguladora establecida para la prestación de incapacidad temporal derivada de contingencias comunes, en proporción a la reducción que experimente la jornada de trabajo.

La prestación **se extingue** cuando el menor cumpla los doce meses de edad.

1.4.5. Incapacidad permanente

La prestación por incapacidad permanente (en adelante, IP) es una **prestación económica, con modalidades contributiva y no contributiva,** regulada en el art. 193 y siguientes LGSS.

En su modalidad contributiva, la prestación por incapacidad permanente existe para dar cobertura a situaciones en las que el trabajador, después de haber estado sometido al tratamiento prescrito y de haber sido dado de alta médicamente, presenta reducciones anatómicas o funcionales graves, susceptibles de determinación objetiva y previsiblemente definitivas, que disminuyan o anulen su capacidad laboral.

En la modalidad no contributiva, podrán ser constitutivas de invalidez las deficiencias, previsiblemente permanentes, de carácter físico o psíquico, congénitas o no, que anulen o modifiquen la capacidad física, psíquica o sensorial de quienes las padecen.

Como regla general, **la prestación por IP habrá de derivarse de una IT,** aunque veremos casos en los que se reconoce a personas que no han pasado por una situación de IT con carácter previo.

Por tanto, nos encontraríamos ante dos tipos de casos:

- Que el trabajador se encuentre gravemente dificultado o impedido para realizar una actividad laboral una vez que ha sido tratado y recibido al alta médica, como consecuencia de una enfermedad o un accidente (modalidad contributiva).
- Que la persona tenga reconocida una minusvalía o enfermedad crónica en grado igual o superior al 65 % y carezca de ingresos suficientes (modalidad no contributiva).

A) Modalidad contributiva

No todas las dificultades o impedimentos anatómicos o funcionales son de la misma importancia y gravedad y, por tanto, los derechos que generan son distintos en función del grado que se reconozca a cada trabajador.

Vamos a estudiar cuatro tipos distintos de situaciones de incapacidad permanente. El trabajador será declarado en una u otra por el INSS a través de sus órganos correspondientes y ello determinará distintas prestaciones:

a) Incapacidad permanente parcial para la profesión habitual.

b) Incapacidad permanente total para la profesión habitual.

c) Incapacidad permanente absoluta para todo trabajo.

d) Gran invalidez.

Por "profesión habitual" se entiende, en caso de accidente, sea o no de trabajo, la desempeñada normalmente por el trabajador al tiempo de sufrirlo. En caso de enfermedad común o profesional, aquella a la que el trabajador dedicaba su actividad fundamental durante el período de tiempo anterior a la iniciación de la incapacidad.

Para poder percibir una prestación por IP en esta modalidad, es necesario que el trabajador se encuentre en situación de afiliación, alta o asimilada al alta en la Seguridad Social, salvo en los casos de pensiones de incapacidad permanente absoluta para todo trabajo o gran invalidez, derivadas de contingencias comunes, en las que solo se aplica el requisito de estar afiliado en el momento del hecho causante. En tales supuestos, el período mínimo de cotización exigible será, en todo caso, de quince años, de los cuales al menos una quinta parte (2 años) esté comprendida dentro de los diez años inmediatamente anteriores al hecho causante.

Además, se exige un período mínimo de cotización previa con carácter general, excepto cuando la IP sea consecuencia de accidente, laboral o no, o enfermedad profesional, en cuyo caso no se exige.

En el caso de pensiones por incapacidad permanente, el período mínimo de cotización exigible será:

- **Para trabajadores menores de 31 años de edad:** la tercera parte del tiempo transcurrido entre la fecha en que el trabajador cumplió los 16 años y la del hecho causante de la pensión.
- **Para trabajadores con 31 o más años de edad:** la cuarta parte del tiempo transcurrido entre la fecha en que se cumplieron los 20 años y el día en que se produce el hecho causante, con un mínimo en todo caso de cinco años. Al menos la quinta parte de ese período de carencia debe estar comprendida en los 10 años inmediatamente anteriores al hecho causante.
- Específicamente **para el caso de la incapacidad permanente parcial para la profesión habitual,** el período de carencia será de 1.800 días comprendidos en los 10 años inmediatamente anteriores a la fecha en la que se extinga la incapacidad temporal de la que se deriva la IP.

No se reconocerá el derecho a las prestaciones de incapacidad permanente derivada de contingencias comunes cuando el beneficiario, en la fecha del hecho causante, tenga la edad y los requisitos para acceder a la pensión de jubilación en el sistema de la Seguridad Social.

a) *Incapacidad permanente parcial (IPP)*

Se entiende por incapacidad permanente parcial para la profesión habitual *la que, sin alcanzar el grado de total, ocasione al trabajador una disminución de, al menos, el 33 % en su rendimiento normal para dicha profesión, sin impedirle la realización de las tareas fundamentales de la misma.*

En este caso, la cuantía de la prestación consistirá en una cantidad calculada a tanto alzado, en un único pago, correspondiente a 24 mensualidades de la base reguladora que sirviera para calcular el subsidio de IT del que se deriva la IP.

Esta prestación es compatible con el desarrollo de actividades laborales por cuenta ajena o propia y también con el trabajo que se viniera desarrollando previamente.

En los supuestos en que no existiera incapacidad temporal previa, por carecer de tal protección el beneficiario, se tomará como base reguladora la que hubiera correspondido por incapacidad temporal, de haber tenido derecho a dicha prestación.

b) *Incapacidad permanente total para la profesión habitual (IPT)*

Se entiende por incapacidad permanente total para la profesión habitual *la que inhabilite al trabajador para la realización de todas o de las fundamentales tareas de dicha profesión, siempre que pueda dedicarse a otra distinta.*

En este caso, la prestación económica correspondiente consistirá en una pensión vitalicia mensual, que podrá excepcionalmente ser sustituida por una indemnización a tanto alzado cuando el beneficiario fuese menor de sesenta años.

La norma general es que la prestación económica mensual sea del 55 % de la base reguladora, que se puede incrementar en un 20 % a partir de los 55 años cuando por diversas circunstancias se presuma la dificultad de obtener empleo en actividad distinta a la habitual.

Para los casos de accidente de trabajo o enfermedad profesional, la prestación se aumentará de un 30 % a un 50 % cuando la lesión se produzca por no observarse las medidas de seguridad e higiene o por derivarse de máquinas, instalaciones o lugares de trabajo sin dispositivos de precaución reglamentarios.

La base reguladora, en este caso, se calcula de la siguiente manera:

1) Si la IPT deriva de enfermedad común:

Trabajador mayor de 52 años y menor de 65 en la fecha del hecho causante:

$$BR = \frac{BCCC\ de\ los\ 96\ meses\ inmediatamente\ anteriores\ al\ hecho\ causante}{112} \times X$$

Las bases de los 24 meses anteriores al mes previo al hecho causante se computan por su valor nominal, las restantes se actualizan de acuerdo al IPC.

Al resultado obtenido, se le aplicará el porcentaje que corresponda en función de los años de cotización (X, en la fórmula), según la escala prevista para las pensiones de jubilación, que se recoge en la tabla de la página 51.

Trabajador menor de 52 años en la fecha del hecho causante (al que se exige un período de cotización inferior a 8 años): la base reguladora se obtiene de forma análoga al caso anterior, pero dividiendo la suma de las bases mensuales de cotización en número igual al de meses de que conste el período mínimo de cotización exigible, sin tener en cuenta las fracciones de mes, por el número de meses a que dichas bases se refieran, multiplicando este divisor por el coeficiente 1,1666, y excluyendo, en todo caso, de la actualización las bases correspondientes a los 24 meses inmediatamente anteriores al mes previo a aquél en que se produzca el hecho causante.

Trabajador con 65 o más años en la fecha del hecho causante, que no reúne los requisitos para la jubilación: la base reguladora BR será el cociente que resulte de dividir por 112 las bases de cotización del interesado durante los 96 meses inmediatamente anteriores al mes previo al del hecho causante.

Trabajadores a tiempo parcial: cuando la IP derive de enfermedad común, se aplican las mismas reglas que para la jubilación.

2) Si la IPT deriva de accidente no laboral: la base reguladora será el cociente que resulte de dividir por 28 la suma de las bases de cotización del interesado durante un período ininterrumpido de 24 meses que será elegido por él dentro de los 7 años inmediatamente anteriores a la fecha del hecho causante de la pensión.

3) Si la IPT deriva de accidente de trabajo o enfermedad profesional: la base reguladora se calcula sobre salarios reales, no pudiendo

excederse los topes mínimos y máximos de cotización. Se obtiene dividiendo por 12 la suma de los siguientes elementos:

- Sueldo y antigüedad diarios del trabajador en la fecha del accidente o de la baja por enfermedad por 365 días.
- Pagas extraordinarias, beneficios o participación, por su importe total en el año anterior al accidente.
- El cociente de dividir los pluses, retribuciones complementarias y horas extraordinarias percibidas en el año anterior al accidente, por el número de días efectivamente trabajados en dicho período. El resultado se multiplicará por 273, salvo que el número de días laborales efectivos en la actividad de que se trate sea menor, en cuyo caso, se aplicará el multiplicador que corresponda.

4) <u>Indemnización a tanto alzado:</u> la cuantía alcanza un máximo de 84 mensualidades de pensión si el beneficiario es menor de 54 años, hasta un mínimo de 12 mensualidades si el beneficiario tiene 59 años.

Es pensión es compatible con cualquier trabajo excluido el desempeño del mismo puesto en la empresa o en otra, salvo que se perciba el 20 % de incremento previsto para mayores de 55 años con dificultades para obtener en empleo en actividades distintas a la habitual.

La prestación se **extingue**:

- Por revisión con resultado de curación.
- Por fallecimiento del beneficiario.
- Por reconocimiento del derecho a la pensión de jubilación, cuando se opte por esta pensión.
- Por revisión de oficio dictada por la Entidad gestora en alguno de los casos en que tal actuación esté legalmente permitida y de ella se derive la pérdida del derecho a la pensión.

c) *Incapacidad permanente absoluta para todo trabajo (IPA)*

Se entiende por incapacidad permanente absoluta para todo trabajo la que inhabilite por completo al trabajador para toda profesión u oficio.

La prestación económica por incapacidad permanente absoluta consistirá en una pensión vitalicia correspondiente al 100 % de la base reguladora de cada caso que se aumentará entre un 30 % y un 50 % para los supuestos de accidente de trabajo o enfermedad profesional cuando la lesión se produzca por no observarse las medidas de seguridad e higiene o por derivarse de máquinas, instalaciones o lugares de trabajo sin dispositivos de precaución reglamentarios.

Si la IPA deriva de enfermedad común: la base reguladora se calcula igual que en el caso de la IPT antes visto.

Si la IPA deriva de accidente no laboral y el beneficiario está en situación de alta o asimilada al alta: la base reguladora se calcula igual que en el caso de la IPT antes visto.

Si la IPA deriva de accidente no laboral y el beneficiario está en situación de "no alta": se calcula igual que en el caso de la IPT derivada de enfermedad común del *trabajador mayor de 52 años y menor de 65 en la fecha del hecho causante*.

Si la IPA deriva de accidente de trabajo o enfermedad profesional: se calcula igual que en el caso de la IPT prevista para estas mismas contingencias.

El beneficiario de la IPA puede realizar actividades compatibles con su estado. A partir de la edad de acceso a la jubilación, es incompatible con el trabajo por cuenta propia o ajena.

Esta prestación se **extingue** por las mismas causas que la IPT.

d) Gran invalidez (GI)

Se entiende por gran invalidez la situación del trabajador afectado de incapacidad permanente y que, por consecuencia de pérdidas anatómicas o funcionales, necesite la asistencia de otra persona para los actos más esenciales de la vida, tales como vestirse, desplazarse, comer o análogos.

Su cuantía se obtiene incrementando el importe de la pensión que corresponda por IPT o IPA con un complemento consistente en la suma:

- Del 45 % de la base mínima de cotización vigente en el RGSS en el momento del hecho causante (en 2020: 1.108,33 euros/mes o 36,93 euros/día).
- Y del 30 % de la última base de cotización del trabajador correspondiente a la contingencia de la que derive la situación de incapacidad permanente.

En caso de accidente de trabajo y enfermedad profesional, se incrementa entre un 30 % y un 50 % cuando la lesión se produzca por no observarse las medidas de seguridad e higiene o por derivarse de máquinas, instalaciones o lugares de trabajo sin dispositivos de precaución reglamentarios.

El cobro de esta pensión es compatible con la realización de actividades compatibles con su estado. A partir de la edad de acceso a la jubilación, es incompatible con el trabajo por cuenta propia o ajena.

Esta prestación se **extingue** por las mismas causas que la IPT y la IPA.

En todas las pensiones por IP, las **pensiones derivadas de enfermedad común y accidente no laboral se abonan en 14 pagas,** mientras que **las pensiones derivadas de AT y EP se abonan en 12 mensualidades,** ya que las pagas extraordinarias están prorrateadas en el cálculo de la base reguladora.

e) Complemento por maternidad

En el caso de las prestaciones que cubren la IPT, la IPA y la GI, se prevé un complemento por maternidad que incrementa la pensión causada a partir del 1 de enero de 2016, a las mujeres que hayan tenido dos o más hijos, biológicos o adoptados, en el 5 % en el caso de dos hijos, el 10 % con tres hijos y el 15 % en el caso de cuatro o más hijos.

Regímenes Especiales de la Seguridad Social

Como ya hemos visto, los **Regímenes Especiales Agrario** y de **Empleados de Hogar** quedaron integrados, desde el 1 de enero de 2012, en el Régimen General.

En el caso de trabajadores del **Régimen Especial de los Trabajadores del Mar, del Régimen Especial de la Minería del Carbón y del Régimen Especial de Trabajadores Autónomos,** las condiciones y términos de la prestación por IP se reconocen igual que a los trabajadores del RGSS, pero con algunas particularidades.

En el caso específico del **RETA**:

- Los trabajadores podrán acceder a las prestaciones derivadas de contingencias profesionales siempre que hayan mejorado voluntariamente la acción protectora incorporando esas contingencias, o las tengan cubiertas de forma obligatoria y, además, previa o simultáneamente, hayan optado por acogerse a la cobertura de la prestación por IT.

- La base reguladora en caso de contingencias profesionales será la base de cotización en la fecha del hecho causante.
- Para incapacidad absoluta y gran invalidez que deriven de contingencias comunes, no se exige cotización previa.
- La IPP no se protege si deriva de contingencias comunes.
- En la IPT se modifican los porcentajes y las mensualidades para la indemnización a tanto alzado.

B) Modalidad no contributiva

Podrán percibir la pensión de invalidez no contributiva quienes cumplan los siguientes requisitos:

- Ser mayor de 18 años y menor de 65.
- Residir legalmente en España y haberlo hecho durante cinco años, dos de los cuales deben ser inmediatamente anteriores a la solicitud de la pensión.
- Tener una minusvalía o enfermedad crónica en un grado igual o superior al 65 %.
- Carecer de rentas o ingresos o tenerlos inferiores al 35 % del importe anual de la prestación.

La cuantía de esta pensión en 2020 se ha fijado en el Real Decreto Ley 1/2020[15], de 14 de enero, en 5.538,40 euros íntegros anuales, que puede ser complementada con 525 euros anuales más en caso del pensionista que acredite fehacientemente carecer de vivienda en propiedad y tener, como residencia habitual, una vivienda alquilada cuyo propietario no tenga con él relación de parentesco hasta tercer grado, ni sea cónyuge o persona con la que constituya una unión estable y conviva con análoga relación de afectividad a la conyugal.

1.4.6. Lesiones permanentes no invalidantes

Existen casos en que el trabajador, a raíz de un accidente de trabajo o una enfermedad profesional, padece lesiones, mutilaciones o deformidades definitivas pero que no llegan a ser suficientes para generar el derecho a una prestación por incapacidad permanente.

---

[15] Real Decreto Ley 1/2020, de 14 de enero, por el que se establece la revalorización y mantenimiento de las pensiones y prestaciones públicas del sistema de Seguridad Social.

En estos casos hablamos de lesiones permanentes no invalidantes, que están recogidas en un baremo anexo a la Orden ESS/66/2013, de 28 de enero, *por la que se actualizan las cantidades a tanto alzado de las indemnizaciones por lesiones, mutilaciones y deformidades de carácter definitivo y no invalidantes,* y que generan el derecho a percibir una cantidad económica en un solo pago.

Según la gravedad de la falta, la cuantía de la prestación se aumentará de un 30 % a un 50 %, cuando los equipos y herramientas de trabajo estén en mal estado o inutilizados los dispositivos de precaución o no se hayan observado las medidas de seguridad e higiene.

En tal caso, el recargo correrá por cuenta del empresario infractor, mientras el resto de la prestación corre a cargo de la entidad gestora (INSS o Mutua) que esté obligada a realizar el pago de la prestación por IP derivada de accidente de trabajo y enfermedad profesional.

La percepción de esta prestación es compatible con el trabajo en la misma empresa, pero no con las prestaciones por IP, salvo que las lesiones, mutilaciones o deformidades sean totalmente independientes de las tomadas en consideración para declarar la IP y su grado.

Regímenes Especiales de la Seguridad Social

Como ya hemos visto, los **Regímenes Especiales Agrario** y de **Empleados de Hogar** quedaron integrados, desde el 1 de enero de 2012, en el Régimen General.

Los casos de trabajadores del **Régimen Especial de la Minería del Carbón** y del **Régimen Especial de los Trabajadores del Mar** tienen las prestaciones reconocidas en los mismos términos, forma, condiciones y extensión que los trabajadores del RGSS.

En el caso específico de los trabajadores del **Régimen Especial de Trabajadores Autónomos (RETA)**, la prestación se reconoce en los mismos términos y condiciones que en el RGSS, pero con algunas particularidades:

- Estar al corriente de pago de cuotas.
- No se aplica el recargo de prestaciones por falta de medidas de prevención de riesgos laborales.

1.4.7. Jubilación

La de jubilación es una **prestación económica con modalidades contributiva y no contributiva** que se concede al trabajador cuando, por razones de edad, cesa voluntariamente en el puesto de trabajo, ya sea este por cuenta propia o ajena, y por tanto deja de percibir ingresos por esa vía. La jubilación está regulada en el artículo 204 y siguientes LGSS.

La prestación por jubilación consiste en una pensión vitalicia que el trabajador percibirá mensualmente a partir de la fecha de la jubilación.

Antes de pasar a ver estas prestaciones, conviene señalar que, con carácter general, la legislación española establece una edad legal mínima para la jubilación, es decir, el momento a partir del cual el trabajador puede cesar en el puesto de trabajo y pasar a percibir la pensión correspondiente, pero esa edad no implica que la jubilación sea obligatoria, salvo que el convenio colectivo u otra normativa así lo establezca.

A) Modalidad contributiva

¿Quiénes son beneficiarios de la pensión de jubilación?

Para poder acceder a esta prestación, los trabajadores deben cumplir, además de los requisitos generales de acceso a las prestaciones, tres requisitos:

- Estar afiliado, en situación de alta o asimilada al alta en el RGSS.
- Haber alcanzado la edad legal mínima de jubilación.
- Haber cotizado un mínimo de años.

a) Cuáles son las situaciones asimiladas al alta

Entre otras situaciones, se consideran situaciones asimiladas al alta en este caso:

- La situación legal de desempleo, total y subsidiado, y la de paro involuntario una vez agotada la prestación contributiva o asistencial, siempre que en tal situación se mantenga la inscripción como desempleado en la oficina de empleo.
- La situación del trabajador durante el período correspondiente a vacaciones anuales retribuidas que no han sido disfrutadas con anterioridad a la finalización del contrato.
- La excedencia forzosa.
- Los períodos de percepción de la ayuda equivalente a jubilación anticipada y de la ayuda previa a la jubilación ordinaria.
- La situación de incapacidad temporal que subsista, una vez extinguido el contrato.

- El período de suspensión del contrato de trabajo por decisión de la trabajadora que se vea obligada a abandonar su puesto de trabajo como consecuencia de ser víctima de la violencia de género.
- También serán beneficiarios los trabajadores afiliados al Sistema de la Seguridad Social que, en la fecha del hecho causante, no estén en alta o en situación asimilada al alta, siempre que reúnan los requisitos de edad y cotización establecidos.

b) La edad legal mínima de jubilación

La ley 27/2011[16] modificó la legislación previa en esta materia, retrasando la edad legal mínima para la jubilación de los 65 a los 67 años. Desde el 1 de enero de 2013 se aplica un sistema transitorio que gradual y progresivamente va ampliando la edad legal mínima de jubilación hasta alcanzar los 67 años en 2027, tal como refleja la tabla siguiente:

EDAD LEGAL MÍNIMA PARA LA JUBILACIÓN	
Año	**Edad legal mínima**
2013	65 años y 1 mes
2014	65 años y 2 meses
2015	65 años y 3 meses
2016	65 años y 4 meses
2017	65 años y 5 meses
2018	65 años y 6 meses
2019	65 años y 8 meses
2020	65 años y 10 meses
2021	66 años
2022	66 años y 2 meses
2023	66 años y 4 meses
2024	66 años y 6 meses
2025	66 años y 8 meses
2026	66 años y 10 meses
2027	67 años

[16] Real Decreto 746/2016, de 30 de diciembre, sobre revalorización y complementos de pensiones de Clases Pasivas y sobre revalorización de las pensiones del sistema de la Seguridad Social y de otras prestaciones sociales públicas para el ejercicio 2017.

En todo caso, quien acredite 38 años y 6 meses de cotización en 2027 podrá jubilarse a partir de los 65 años. También se establece un período de implantación progresiva y gradual de esta excepción, que se refleja en la tabla siguiente:

PERÍODO COTIZADO PREVIO NECESARIO PARA LA JUBILACIÓN A LOS 65 AÑOS	
Año	Período mínimo cotizado
2013	35 años y 3 meses
2014	35 años y 6 meses
2015	35 años y 9 meses
2016	36 años
2017	36 años y 3 meses
2018	36 años y 6 meses
2019	36 años y 9 meses
2020	37 años
2021	37 años y 3 meses
2022	37 años y 6 meses
2023	37 años y 9 meses
2024	38 años
2025	38 años y 3 meses
2026	38 años y 3 meses
2027	38 años y 6 meses

Las pensiones de jubilación causadas antes del 1 de enero de 2020 **mantendrán las mismas condiciones** que antes de esta reforma siempre que el trabajador esté en alguna de estas situaciones:

- Su relación laboral se haya extinguido antes de 1 de abril de 2013, siempre que con posterioridad a tal fecha no vuelvan a quedar incluidas en alguno de los regímenes del sistema de la Seguridad Social.
- Su relación laboral se halle suspendida o extinguida como consecuencia de decisiones adoptadas en expedientes de regulación de empleo, o por medio de convenios colectivos de cualquier ámbito, acuerdos colectivos de empresa así como por decisiones adoptadas en procedimientos concursales, aprobados, suscritos o declarados con anterioridad a 1 de abril de 2013, siempre que la extinción o suspensión de la relación laboral se produzca con anterioridad a 1 de enero de 2020.

Por otra parte, la legislación establece algunos supuestos en los que se admite la jubilación en un momento anterior al cumplimiento de la edad legal:

- Jubilación anticipada a partir de los 60 años por tener la condición de mutualista.
- Jubilación anticipada a partir de los 61 años sin tener la condición de mutualista.
- Jubilación parcial.
- Jubilación del personal del Estatuto Minero, personal de vuelo de trabajos aéreos, ferroviarios, artistas, profesionales taurinos, bomberos y miembros del cuerpo de la Ertzaintza.
- Jubilación flexible.
- Jubilación de trabajadores afectados por una discapacidad igual o superior al 45 % o al 65 %.

En ningún caso estos supuestos pueden dar lugar a que se acceda a la pensión por jubilación con una edad inferior a 52 años, salvo en algunos casos de trabajadores de los Regímenes Especiales de la Minería del Carbón y Trabajadores del Mar.

c) Requisito de cotización mínimo

El mínimo para acceder a una pensión por jubilación se establece en 15 años de cotización, sin incluir pagas extras, de los cuales al menos 2 estén incluidos en los 15 años inmediatamente anteriores a la fecha en que se genera el derecho.

El derecho se genera:

- El día del cese en la actividad laboral, cuando el trabajador está en alta en la Seguridad Social.
- El día de presentación de la solicitud, en las situaciones asimiladas, con alguna excepción.
- El día de presentación de la solicitud, en las situaciones de no alta.

¿Cómo se calcula el importe de la pensión?

La base reguladora para el cálculo de la pensión de jubilación se obtiene a partir de la BCCC, atendiendo a la siguiente fórmula general:

$$BR = \frac{BCCC\ de\ X\ meses\ anteriores\ a\ la\ jubilación}{divisor}$$

Nuevamente, desde 2013 nos encontramos con una situación de implantación progresiva y paulatina de un mecanismo de cálculo de la base reguladora que estará vigente hasta el año 2022, según la siguiente tabla:

Año	Nº meses anteriores/divisor	Años computables
2013	192/224	16
2014	204/238	17
2015	216/252	18
2016	228/266	19
2017	240/280	20
2018	252/294	21
2019	264/308	22
2020	276/322	23
2021	288/336	24
2022	300/350	25

Según esta tabla, durante el año 2020 será necesario tener en cuenta la BCCC de los 276 meses anteriores a la jubilación (23 años) y dividirlo por el divisor 322 para obtener la base reguladora de la pensión de jubilación.

No obstante, esa BCCC se computará por su valor nominal únicamente en los 24 meses anteriores a la jubilación. Para los meses anteriores, estos se deben actualizar en función de la evolución del IPC hasta el 25º mes anterior a la jubilación (inclusive).

Una vez calculada la base reguladora, será necesario aplicarle un porcentaje que es variable en función de los años de cotización a la Seguridad Social aplicándose una escala que comienza con el 50 % a los 15 años, aumentando a partir del decimosexto año un 0,19 % por cada mes adicional de cotización, entre los meses 1 y 248, y un 0,18 % los que rebasen el mes 248, sin que el porcentaje aplicable a la base reguladora supere el 100 %, salvo en los casos en que se acceda a la pensión con una edad superior a la que resulte de aplicación.

También en este caso nos encontramos con proceso paulatino y progresivo hasta alcanzar la situación explicada en el párrafo anterior en 2027, según la siguiente tabla:

PORCENTAJE – JUBILACIÓN – AÑOS COTIZADOS

PERIODO DE APLICACIÓN	PRIMEROS 15 AÑOS		AÑOS ADICIONALES				TOTAL	
	Años	%	MESES ADICIONALES	COEFICIENTE	%	AÑOS	AÑOS	%
2013 a 2019	15	50	1 al 163 83 restantes	0,21 0,19	34,23 15,77			
	15	**50**	**Total 246 meses**		**50,00**	**20,5**	**35,5**	**100**
2020 a 2022	15	50	1 al 106 146 restantes	0,21 0,19	22,26 27,74			
	15	**50**	**Total 252 meses**		**50,00**	**21**	**36**	**100**
2023 a 2026	15	50	1 al 49 209 restantes	0,21 0,19	10,29 39,71			
	15	**50**	**Total 258 meses**		**50,00**	**21,5**	**36,5**	**100**
A partir de 2027	15	50	1 al 248 16 restantes	0,19 0,18	47,12 2,88			
	15	**50**	**Total 264 meses**		**50,00**	**22**	**37**	**100**

Para los trabajadores que **se acojan a la legislación anterior al 1 de enero de 2013,** el porcentaje que se aplica a la base reguladora también es variable según los años cotizados a la Seguridad Social pero su cálculo es mucho más sencillo, según la siguiente tabla:

Años de cotizacion	Porcentaje de la base reguladora
A los 15 años	50 %
A los 16 años	53 %
A los 17 años	56 %
A los 18 años	59 %
A los 19 años	62 %
A los 20 años	65 %
A los 21 años	68 %
A los 22 años	71 %
A los 23 años	74 %
A los 24 años	77 %
A los 25 años	80 %
A los 26 años	82 %
A los 27 años	84 %
A los 28 años	86 %
A los 29 años	88 %
A los 30 años	90 %
A los 31 años	92 %
A los 32 años	94 %
A los 33 años	96 %
A los 34 años	98 %
A los 35 años	100 %

Si el trabajador se jubila a una edad superior a la edad legal mínima establecida y cumple el requisito del período mínimo de cotización exigido, se reconocerá un porcentaje adicional por cada año completo cotizado entre la fecha en que cumplió la edad legal y el momento en que efectivamente se jubile:

- El 2 % por cada año completo cotizado desde la fecha en que se cumplió la edad ordinaria de jubilación vigente en cada momento hasta la fecha del hecho causante de la pensión, cuando el interesado hubiera acreditado hasta 25 años cotizados al cumplir dicha edad.

- El 2,75 % cuando el interesado hubiera acreditado entre 25 y 37 años cotizados.
- El 4 % cuando el interesado hubiera acreditado más de 37 años cotizados.

Las pensiones de jubilación se abonan en 14 pagas, incluyendo 2 pagas extraordinarias. Se revalorizan cada año en función del IPC y tributan por IRPF.

Las cuantías de las pensiones mínimas anuales por jubilación, según el Real Decreto Ley 1/2020, se recogen en la siguiente tabla:

Jubilación	TITULARES (cantidades en euros/año)		
	Con cónyuge a cargo	Sin cónyuge*	Con cónyuge NO a cargo
Titular con 65 años	11.807,60	9.569,00	9.081,80
Titular menor de 65 años	11.069,80	8.953,00	8.461,60
Titular con 65 años procedente de gran invalidez	17.711,40	14.354,20	13.623,40

** unidad económica unipersonal*

La cuantía de la pensión máxima por jubilación pasa a ser de 37.566,76 euros anuales (o 2.683,34 euros/mes en 14 pagas).

Existen una serie de incompatibilidades para los pensionistas por jubilación, pero es necesario acudir al Real Decreto Ley 5/2013 de medidas para favorecer la continuidad de la vida laboral de los trabajadores de mayor edad y promover el envejecimiento activo, para poder comprobar en qué términos un pensionista puede realizar trabajos por cuenta propia o ajena.

La prestación por jubilación solo se extingue por fallecimiento del beneficiario.

B) Modalidad no contributiva

Según el art. 369 LGSS, tienen derecho a pensión de jubilación en esta modalidad quienes:

- Tengan 65 años.

- Carezcan de rentas o ingresos que superen, en cómputo anual, la cuantía establecida legalmente para la pensión de invalidez no contributiva (las rentas no deben superar, en 2020, los 5.538,40 euros anuales). En todo caso, si el solicitante convive con su cónyuge o con otros familiares hasta segundo grado, esta cuantía mínima cambia para tener en cuenta la renta conjunta de todos los convivientes.
- Residan legalmente en territorio español y lo hayan hecho durante 10 años entre la edad de 16 años y la de devengo de la pensión, siendo 2 años consecutivos e inmediatamente anteriores a la solicitud.

La **cuantía** de esta prestación será la misma que la establecida cada año para la pensión de invalidez no contributiva.

La jubilación ordinaria en los Regímenes Especiales

En **Régimen Especial de Trabajadores Autónomos** se aplica la misma normativa que para el RGSS, con algunas excepciones relativas a la integración de bases de cotización.

Los Regímenes Especiales de los Trabajadores de la Minería del Carbón y de Trabajadores del Mar presentan un elemento particular que no se prevé para el resto de regímenes de la Seguridad Social.

Se trata de la existencia de **coeficientes reductores**, que se aplican a la edad legal de jubilación, debido a la particular penosidad, peligrosidad, toxicidad o lejanía que implica la actividad desarrollada.

Estos coeficientes, en el caso de los **trabajadores del mar**, varían entre el 0,40 y el 0,10 según la clase de embarcación, el tipo de navegación y la naturaleza del trabajo pueden supone un adelanto de la edad de jubilación hasta de 10 años respecto a la edad legal general.

En el caso de **trabajadores de la minería del carbón**, estos coeficientes van desde el 0,50 hasta el 0,05, dependiendo de la categoría y especialidad profesional del trabajador. En este caso el trabajador, con edad real inferior a 60 años, solo podrá jubilarse si con la edad teórica (edad real más las bonificaciones), llega a sobrepasar la edad mínima exigida.

C) Casos especiales de jubilación

Existen varios casos en los que las condiciones de acceso a la jubilación ordinaria que hemos visto anteriormente pueden cambiar. Aquí vamos a ver específicamente dos supuestos: el de la jubilación anticipada por voluntad del interesado y el de la jubilación parcial.

Jubilación anticipada

En el sistema de Seguridad Social español existen diversos supuestos en los que el trabajador puede acceder a la pensión por jubilación antes de alcanzar la edad legal mínima establecida. Un ejemplo es el caso de los trabajadores de la minería del carbón o del mar que hemos visto al final del punto anterior.

Esta posibilidad existía sobre la base de las condiciones de penosidad o toxicidad de los trabajos referidos, o con otras situaciones especiales, pero también existen otras modalidades como la jubilación anticipada en caso de discapacidad, la jubilación anticipada por causa no imputable al trabajador y la jubilación anticipada por voluntad del interesado, que es la que vamos a estudiar.

Para acceder a esta modalidad de jubilación, el trabajador debe cumplir con los siguientes **requisitos**:

- Tener cumplida una edad que sea inferior, como máximo, en 2 años a la edad legal de jubilación.
- Acreditar un período de cotización mínimo previo de 35 años.
- La pensión resultante debe ser de cuantía superior a la pensión mínima que le correspondiese al interesado en el momento de cumplir la edad legal de jubilación.

La **cuantía** de la pensión se calculará aplicando a la base reguladora el porcentaje general que corresponda en función de los años cotizados y el coeficiente reductor si lo hubiera y, posteriormente, aplicando a la cuantía resultante una reducción por cada trimestre o fracción que falte hasta alcanzar la edad de jubilación legal, según la siguiente tabla:

Coeficiente de reducción por trimestre o fracción	Período acreditado de cotización
2,00 por 100	Menos de 38 años y 6 meses
1,875 por 100	Más de 38 años y 6 meses y menos de 41 años y 6 meses
1,750 por 100	Más de 41 años y 6 meses y menos de 44 años y 6 meses
1,625 por 100	Igual o superior a 44 y 6 meses

La cuantía resultante tras esta reducción no puede ser inferior a la que resulte de aplicar una reducción del 0,50 por trimestre o fracción al tope máximo de pensión.

Esta pensión **se extingue únicamente por fallecimiento del pensionista.**

Jubilación parcial

Por jubilación parcial se entiende aquella situación en la que el trabajador simultanea un contrato de trabajo a tiempo parcial, vinculado o no a un contrato de relevo, con el cobro de la pensión por jubilación en un porcentaje inferior a la cuantía total a la que tuviera derecho.

Las condiciones de acceso a la jubilación parcial dependen, así, de que vincule la jubilación parcial a un contrato de relevo o no.

Jubilación parcial sin vinculación a contrato de relevo

- Se puede producir a partir de la edad legal de jubilación que se establezca en cada momento.
- El trabajador puede estar contratado a jornada completa o parcial antes de pasar a la jubilación parcial.
- La reducción de la jornada de trabajo estará entre el 25 % y el 50 %.
- Se exige un período mínimo de cotización de 15 años, de los cuales 2 deberán estar incluidos dentro de los 15 años anteriores al hecho causante.
- No se exige antigüedad en la empresa.

Jubilación parcial con vinculación a contrato de relevo

El contrato de relevo, previsto en el artículo 12.7 ET, prevé la contratación de personas en situación de desempleo o con un contrato de duración determinada con la misma empresa al objeto de cubrir las horas que el trabajador que se acoge a la jubilación parcial deja de trabajar.

En este caso, los términos de la jubilación parcial son los siguientes:

- Es necesario que el trabajador que se jubila parcialmente esté contratado a jornada completa.
- La reducción de la jornada estará entre el 25 % y el 50 % salvo en el caso de que el contrato de relevo sea a jornada completa e indefinido, en cuyo caso la reducción sería del 75 %.

- Es necesario acreditar 33 años cotizados, que se reducen a 25, si el trabajador que se jubila tiene reconocida una discapacidad del 33 %.
- Es necesario acreditar una antigüedad en la empresa de, al menos, 6 años.
- Es necesario que este trabajador tenga una edad mínima que, con carácter general, se recoge en la siguiente tabla:

Año del hecho causante	Edad exigida según períodos cotizados en el momento del hecho causante		Edad exigida con 33 años cotizados en el momento del hecho causante
2013	61 y 1 mes	33 años y 3 meses o más	61 y 2 mes
2014	61 y 2 meses	33 años y 6 meses o más	61 y 4 meses
2015	61 y 3 meses	33 años y 9 meses o más	61 y 6 meses
2016	61 y 4 meses	34 años o más	61 y 8 meses
2017	61 y 5 meses	34 años y 3 meses o más	61 y 10 meses
2018	61 y 6 meses	34 años y 6 meses o más	62 años
2019	61 y 8 meses	34 años y 9 meses o más	62 y 4 meses
2020	61 y 10 meses	35 años o más	62 y 8 meses
2021	62 años	35 años y 3 meses o más	63 años
2022	62 y 2 meses	35 años y 6 meses o más	63 y 4 meses
2023	62 y 4 meses	35 años y 9 meses o más	63 y 8 meses
2024	62 y 6 meses	36 años o más	64 años
2025	62 y 8 meses	36 años y 3 meses o más	64 y 4 meses
2026	62 y 10 meses	36 años y 3 meses o más	64 y 8 meses
2027 y siguientes	63 años	36 años y 6 meses	65 años

La pensión de jubilación parcial se extinguirá por las siguientes causas:

- Fallecimiento del pensionista.
- Reconocimiento de la jubilación ordinaria o anticipada al pensionista.
- Reconocimiento de una pensión de IP incompatible con la jubilación parcial.
- Extinción del contrato a tiempo parcial por voluntad del jubilado parcial, salvo cuando se tenga derecho a la prestación por desempleo.

1.4.8. Pensiones del Seguro Obligatorio de Vejez o Invalidez (SOVI)

El Seguro Obligatorio de Vejez o Invalidez (SOVI) era el régimen que existía antes de la implantación del actual sistema de Seguridad Social y que servía para dar cobertura a las situaciones de vejez e invalidez de los trabajadores y trabajadoras.

Hoy es un régimen residual puesto que la percepción de las prestaciones del SOVI supone la exclusión de las prestaciones del sistema de la Seguridad Social y puesto que las fechas utilizadas como referencia son cada vez más lejanas en el tiempo y los posibles beneficiarios de estas prestaciones van falleciendo.

Las prestaciones de la Seguridad Social y del SOVI son incompatibles excepto en el caso de la pensión de viudedad.

La acción protectora del SOVI incluye tres tipos de pensiones diferentes: vejez, invalidez y viudedad.

a) Vejez

Requisitos:

- Tener cumplidos los 65 años de edad o 60 en el supuesto de vejez por causa de incapacidad. Esta incapacidad debe ser permanente y total para la profesión habitual y no derivada de accidente de trabajo o enfermedad profesional.
- No tener derecho a ninguna otra pensión a cargo de los regímenes que integran el Sistema de la Seguridad Social, o a sectores laborales pendientes de integración en el mismo, con excepción de las pensiones de viudedad de las que puedan ser beneficiarios.
- Haber estado afiliado al Régimen del Retiro Obrero o tener cubiertos 1.800 días de cotización al Régimen del Seguro Obligatorio de Vejez e Invalidez (SOVI) antes de 1-1-67.

Contenido

- Consiste en una pensión imprescriptible, vitalicia y de cuantía fija.
- Si no existe concurrencia con otras pensiones, el importe está constituido por la pensión básica más las mejoras. Dicho importe es de 437,70 euros mensuales para 2020.
- Si existe concurrencia con pensiones de viudedad de cualquier régimen de la Seguridad Social u otras pensiones de viudedad, el importe es de 424,80 euros mensuales para 2020.

- Si existe concurrencia con una pensión de viudedad, la suma de la pensión o pensiones de viudedad y la del SOVI no podrá ser superior al doble de la pensión mínima de viudedad correspondiente a beneficiarios con 65 o más años vigente en cada momento, en cómputo anual. De superarse el límite indicado, se minorará la cuantía de la pensión SOVI en el importe necesario.
- Se abonan 14 mensualidades al año.

b) **Invalidez**

Requisitos

- Que la invalidez sea absoluta y permanente para la profesión habitual y sea la causa determinante del cese en el trabajo.
- Que no sea por causa imputable al trabajador o derivada de un accidente de trabajo o enfermedad profesional indemnizables.
- Acreditar 1.800 días de cotización al Seguro de Vejez e Invalidez (SOVI) antes de 1-1-67.
- No tener derecho a ninguna otra pensión a cargo de los regímenes que integran el sistema de la Seguridad Social o a sectores laborales pendientes de integración en el mismo, con excepción de las pensiones de viudedad de las que puedan ser beneficiarios.
- Tener 50 años cumplidos. No obstante, si la invalidez está constituida por la pérdida total de movimientos en las extremidades superiores o inferiores, o pérdida total de visión, o enajenación mental incurable, se reconoce a partir de los 30 años.

Su contenido es el mismo que en el caso anterior (vejez).

c) **Viudedad**

En este caso hemos de tener en cuenta que, por una parte, hablaremos del **causante**, como persona cuyo fallecimiento da derecho a la percepción de la prestación, y del **solicitante**, como persona sobreviviente al causante y que percibirá la prestación correspondiente.

Con carácter general, se exige no tener derecho a ninguna otra pensión a cargo de los regímenes que integran el sistema de la Seguridad Social o a sectores laborales pendientes de integración en el mismo.

Los requisitos específicos, según los supuestos, son:

1. **Causante pensionista del SOVI con fallecimiento anterior al 1 de enero de 1967:**

Para el causante: haber fallecido a partir del 1 de enero de 1956.

Para el solicitante:

- Tener cumplidos 65 años en la fecha del fallecimiento del causante o estar totalmente incapacitado para todo trabajo. No obstante, si en dicha fecha el solicitante no hubiera alcanzado la edad de 65 años, pero tuviera más de 50, conserva el derecho a que se le reconozca la pensión al cumplimiento de los 65 años.
- No tener derecho a una pensión de vejez o invalidez SOVI.
- Haber contraído matrimonio con el causante 10 años antes, como mínimo, del fallecimiento.

2. **Causante pensionista del SOVI con fallecimiento posterior al 31 de diciembre de 1966:**

   Cuando el fallecimiento del causante es posterior al 1 de enero de 1967, al solicitante se le exigen idénticos requisitos que los establecidos para tener derecho a la pensión de viudedad del RGSS.

3. **Causante no pensionista del SOVI:**

   Para el causante:

   - Fallecimiento a partir de 1 de enero de 1956.
   - Haber estado afiliado al Retiro Obrero Obligatorio o acreditar 1.800 días de cotización al SOVI antes del 1 de enero de 1967.

   Para el solicitante:

   Se exigen los mismos requisitos que los establecidos para el supuesto de causante pensionista fallecido con anterioridad al 1 de enero de 1967.

   Contenido: la prestación consiste en una pensión mensual única, vitalicia y de cuantía fija, correspondiente a 437,70 euros/mes en 14 pagas.

1.4.9. Muerte y supervivencia

Bajo esta denominación se incluyen una serie de prestaciones de tipo económico que están destinadas a proteger a las personas que dependan económicamente de un trabajador que ha fallecido, independientemente de las causas en las que se haya producido ese fallecimiento.

Las prestaciones que veremos en este epígrafe son las siguientes:

- Auxilio por defunción.
- Pensión de viudedad.
- Prestación temporal de viudedad.
- Pensión de orfandad.
- Pensión en favor de familiares.
- Subsidio en favor de familiares.

Este tipo de prestaciones, al igual que acabamos de ver en el caso de viudedad SOVI, tiene la particularidad de que el sujeto causante es un trabajador afiliado a la Seguridad Social por cuya causa otra persona es beneficiaria de una prestación económica.

Todas las prestaciones incluidas en este grupo tienen en común que un trabajador haya fallecido. Es el sujeto causante. Los requisitos que se exigen al sujeto causante para que un tercero pueda ser beneficiario de una prestación los veremos en cada caso concreto.

Requisitos generales para los sujetos causantes

Para todas las prestaciones mencionadas se establecen unos requisitos comunes en cuanto al **sujeto causante**. Pueden serlo quienes estén en estas situaciones en el momento de su fallecimiento.

- Afiliado, en alta o en situación asimilada al alta en el RGSS.
- Perceptor/a de subsidio por IT, riesgo durante el embarazo, riesgo durante la lactancia natural y nacimiento y cuidado del menor que cumplan el período de cotización establecido en cada caso.
- Titular de pensión contributiva de jubilación e incapacidad permanente.
- Desaparecido con ocasión de accidente, laboral o no, cuando sea previsible su muerte y hayan transcurrido 90 días naturales tras el accidente sin noticias.

Se ha de tener en cuenta también que, para varias de estas prestaciones, es fundamental determinar **si el fallecimiento deriva de un accidente de trabajo o enfermedad profesional** o si lo hace de un accidente no laboral o una enfermedad común. Así quienes fallezcan teniendo reconocida una incapacidad permanente absoluta o una gran invalidez derivada de accidente de trabajo, o enfermedad profesional, se considerarán a efectos legales fallecidos a consecuencia del mismo. En otros casos, deberá probarse que el fallecimiento se debe al accidente de trabajo (solo si es dentro de los 5 años posteriores al accidente) o enfermedad profesional (sin límite de tiempo).

a) Auxilio por defunción

Serán **beneficiarios** la persona o personas que hubiesen corrido con los gastos de sepelio del trabajador fallecido, presumiéndose el siguiente orden: cónyuge sobreviviente, pareja de hecho sobreviviente, hijos o parientes del fallecido que convivieran habitualmente con él.

La **cuantía** asciende a 46,50 euros.

b) Pensión de viudedad

La persona causante de la pensión de viudedad, aparte de los requisitos generales señalados anteriormente, debe cumplir con otros específicos:

Si el fallecimiento se debe a enfermedad común, es necesario un período de cotización previo de 500 días dentro de un período ininterrumpido de 5 años inmediatamente anteriores al fallecimiento o a la fecha en que cesó la obligación de cotizar. No se exige en el caso de fallecimiento por accidente, laboral o no.

Si el causante no estaba en situación de alta o asimilada a la de alta en el momento del fallecimiento, se exigirá una cotización previa mínima de 15 años.

Pueden ser **beneficiarios** de esta prestación:

- *El cónyuge superviviente*. Si la causa del fallecimiento fuera enfermedad común contraída antes del matrimonio, se exigirá vínculo conyugal de al menos un año de antelación al fallecimiento o que existan hijos comunes.
- *La pareja de hecho superviviente*. La inscripción como pareja de hecho debe haberse realizado al menos 2 años antes del fallecimiento del causante y que sus ingresos durante el año anterior al fallecimiento no alcanzaban el 50 % de la suma de los ingresos de ambos miembros de la pareja durante ese período, o del 25 % si no hubiera hijos comunes, o cuando los ingresos de la pareja superviviente resulten inferiores a 1,5 veces el SMI vigente en el momento del fallecimiento.
- *Excónyuge separado o divorciado o superviviente cuyo matrimonio hubiera sido declarado nulo*, siempre que no hubiera contraído nuevas

nupcias o constituido pareja de hecho y que sean acreedoras de pensión compensatoria, como regla general.

Su **cuantía** será, con carácter general, del 52 % de la base reguladora del causante, o del 70 % si se cumplen simultáneamente, durante todo el tiempo que se perciba la pensión, varios requisitos: existencia de cargas familiares, que la pensión de viudedad sea la única fuente de ingresos y que los rendimientos anuales del pensionista no superen, en 2020, 18.707,80 euros anuales.

El 52 % se eleva al 60 % si la persona beneficiaria cumple los siguientes requisitos:

- Tener una edad igual o superior a 65 años.
- No tener derecho a otra pensión pública. El citado incremento será compatible con aquellas pensiones públicas, ya sean españolas o extranjeras, cuya cuantía no exceda del importe del mismo. En estos supuestos, el incremento de la pensión de viudedad se abonará exclusivamente por la diferencia entre la cuantía de este y la de la pensión percibida por el beneficiario.
- No percibir ingresos por la realización de trabajo por cuenta ajena o por cuenta propia.
- Que las rentas percibidas, diferentes de las anteriores, no superen, en cómputo anual, el límite de ingresos que esté establecido en cada momento para ser beneficiario de la pensión mínima de viudedad.

La **base reguladora** se calcula de la siguiente manera:

- Si la pensión deriva de contingencias comunes, dividiendo por 28 la suma de las bases de cotización del causante durante un período ininterrumpido de 24 meses, elegidos por el beneficiario dentro de los quince años anteriores al mes previo al fallecimiento.
- Si la pensión deriva de accidente de trabajo o enfermedad profesional, la pensión se calcula igual que la prestación por incapacidad permanente total (IPT) derivada de esas contingencias.
- Si el fallecido era pensionista, la misma base que sirvió para determinar su pensión, con las revalorizaciones que se hubieran producido.

La pensión de viudedad **se abona mensualmente,** en 14 pagas que incluyen dos pagas extras, y **se extingue**:

- Por contraer nuevo matrimonio o constituir pareja de hecho, salvo en determinados supuestos.
- Por declaración, mediante sentencia firme, de culpabilidad en la muerte del causante o en delito doloso de homicidio o lesiones contra el causante salvo, solo en el caso de lesiones, que mediara reconciliación entre ambos.
- Por fallecimiento del beneficiario.
- Por comprobarse que el causante desparecido en accidente no falleció.

Esta pensión **es compatible** con las rentas del trabajo del beneficiario y con pensiones de jubilación o incapacidad permanente.

c) Pensión temporal de viudedad

Se trata de un supuesto excepcional previsto para aquellos casos en que el cónyuge superviviente del causante fallecido por enfermedad común desarrollada antes del matrimonio no pueda acceder normalmente a la pensión de viudedad al no poder acreditar que el matrimonio con el causante hubiese sido un año antes del fallecimiento o no hubiese hijos.

En este caso, el beneficiario tiene derecho a una prestación temporal en cuantía igual a la pensión de viudedad que le hubiera correspondido, durante el plazo improrrogable de dos años. La prestación se extingue por las mismas causas que la pensión de viudedad.

d) Pensión de orfandad

Son **beneficiarios** de esta pensión:

- Los hijos del causante, cualquiera que sea su filiación y en régimen de igualdad, que sean menores de 21 años en el momento de fallecimiento del causante o estén incapacitados para el trabajo en un grado de incapacidad permanente absoluta o gran invalidez.
- En el caso de que sobreviviera uno de los progenitores (orfandad simple), y los hijos menores que no trabajen o, si lo hacen, no perciban cuantías inferiores al SMI en cómputo anual podrán percibir, el límite superior se amplía hasta los 25 años.
- Esta ampliación del límite máximo también se aplica cuando se trata de orfandad absoluta pero el hijo tenga al menos un 33 % de discapacidad reconocida.

Todas estas previsiones se aplican igualmente a los hijos del cónyuge sobreviviente aportados al matrimonio siempre que, además de darse las condiciones anteriores, el matrimonio se hubiese celebrado dos años antes del fallecimiento y los hijos conviviesen a expensas del causante, no tengan derecho a otra pensión ni queden familiares con obligación y posibilidad de prestarles alimentos.

La cuantía de la pensión asciende al 20 % de la base reguladora, que se calcula de la misma manera que en el caso de la pensión de viudedad. Si el fallecimiento se hubiera debido a AT o EP, cada huérfano percibirá además una indemnización especial por importe de una mensualidad de la base reguladora. En los casos de orfandad absoluta las pensiones se incrementan según los casos.

Por regla general, en el caso de que haya varios beneficiarios, la suma de las cuantías de todas las pensiones por muerte y supervivencia no podrá rebasar el 118 % de la base reguladora.

También tienen derecho a la prestación de orfandad los hijos e hijas, cualquiera que sea su filiación, de la causante fallecida por **violencia contra la mujer**, cuando se hallen en circunstancias equiparables a una orfandad absoluta y no reúnan los requisitos necesarios para generar una pensión de orfandad. La **cuantía** de esta prestación será el 70 % de su base reguladora, siempre que los rendimientos de la unidad familiar de convivencia, incluidas las personas huérfanas, dividida por el número de miembros que la componen, no superen en cómputo anual el 75 por ciento del Salario Mínimo Interprofesional vigente en cada momento, excluida la parte proporcional de las pagas extraordinarias.

La prestación **se abona en 14 pagas y se extingue**:

- Cuando se cumplan 21 años, salvo que el beneficiario tuviera, en ese momento, reducida su capacidad de trabajo en un porcentaje valorado en un grado de incapacidad permanente absoluta o gran invalidez.
- Cuando se cumplen 25 años si queda vivo un progenitor y el huérfano no trabaja o tiene ingresos inferiores al SMI.
- Por cese de la incapacidad por la que se percibe la prestación.
- Por adopción, matrimonio (salvo afectado de IPA o GI) o fallecimiento del beneficiarios.
- Por comprobarse que el trabajador desaparecido en accidente no falleció.

e) **Pensión en favor de familiares**

Serán **beneficiarios** de esta pensión:

- *Nietos y hermanos* huérfanos de ambos progenitores, siempre que en la fecha del fallecimiento sean menores de 18 años o tengan reconocida una incapacidad permanente o gran invalidez. Puede ampliarse a los 22 años de edad si el beneficiario no tiene ingresos o los mismos sean inferiores, en cómputo anual, al 75 % del SMI.
- *Madre y abuelas* viudas, solteras, separadas judicialmente, divorciadas o casadas. En este último caso siempre que su marido tenga más de 60 años o esté incapacitado para el trabajo.
- *Padre y abuelos* mayores de 60 años o incapacitados para todo trabajo.
- *Hijos y hermanos* de pensionistas de jubilación o incapacidad permanente contributivas o cuyo expediente estuviera pendiente de resolución, mayores de 45 años solteros, viudos, separados judicialmente o divorciados que acrediten además dedicación prolongada al cuidado del causante.

Además, los beneficiarios deberán acreditar:

- Convivencia con el causante y a sus expensas con dos años como mínimo de antelación al fallecimiento.
- No tener derecho a otra pensión pública.
- Carencia de medios de subsistencia (ingresos inferiores o iguales al SMI) y falta de familiares con obligación y posibilidad de prestarles alimentos.

Su **cuantía** es el 20 % de la base reguladora que se calcula igual que en el caso de orfandad y viudedad.

- La pensión, que se **abona** en 14 pagas, se **extingue**:
- En el caso de nietos y hermanos, igual que en la pensión de orfandad.
- En el caso de ascendientes, hijos y hermanos mayores de 45 años, por matrimonio, por fallecimiento o por comprobarse que el trabajador desaparecido en accidente no falleció.

f) Subsidio en favor de familiares

Son beneficiarios de este subsidio los hijos y los hermanos mayores de 22 años, solteros, viudos, separados judicialmente o divorciados que, sin acreditar las condiciones para ser pensionistas, reúnan los mismos requisitos que los beneficiarios de la pensión en favor de familiares que acabamos de ver.

La **cuantía** del subsidio es el 20 % de la base reguladora calculada igual que en el caso de la pensión de viudedad. Se **abona** durante 12 meses, con inclusión de las pagas extraordinarias.

Es compatible con las pensiones de viudedad y orfandad causadas por el mismo sujeto.

- Se extingue el derecho:
- Por agotamiento del período máximo de duración.
- Por fallecimiento.
- Por comprobarse que no falleció el trabajador desaparecido en accidente.

1.4.10. Indemnización especial a tanto alzado, en los supuestos de accidente de trabajo y enfermedad profesional

Se trata esta de una prestación económica añadida y complementaria que determinados beneficiarios de una pensión de las anteriores puede percibir si el causante falleció en accidente de trabajo o por enfermedad profesional.

El hecho de ser a tanto alzado significa que consistirá en una cuantía u otra en función del beneficiario de que se trate, según el siguiente esquema:

- Cónyuge, excónyuge y pareja de hecho sobreviviente: 6 mensualidades de la base reguladora de la pensión de viudedad.
- Huérfanos: una mensualidad de la base reguladora de la pensión de orfandad.
- Padre y/o madre si no hubiera ningún familiar con derecho a pensión por muerte o supervivencia, no tengan derecho a pensión en favor de familiares y vivieran a expensas del fallecido: 9 mensualidades si sobreviviera uno de ellos únicamente, o 12 mensualidades si sobrevivieran ambos, de la base reguladora de la prestación de viudedad.

Como excepción, en los supuestos de fallecimiento de pensionistas por incapacidad permanente derivada de contingencias profesionales, el cálculo de la indemnización se efectuará sobre la cuantía de la pensión que estuviera percibiendo el causante en el momento del fallecimiento.

1.4.11. Prestaciones familiares

Este tipo de prestaciones económicas están previstas para dar cobertura a situaciones de necesidad económica o exceso de gastos que se derivan de la existencia de responsabilidades familiares y el nacimiento o adopción de hijos en determinados casos.

A) No contributivas

Existen **tres prestaciones** de este tipo:

a) ***Asignación económica por hijo o menor acogido a cargo*** del beneficiario que sea menor de 18 años o mayor de esa edad pero tenga una incapacidad igual o superior al 65 %. Es independiente del tipo de filiación e incluye a menores acogidos o en acogimiento familiar permanente o preadoptivo.

El **beneficiario** deberá residir legalmente en territorio español, no tener derecho a otras prestaciones por razón de ese hijo o menor acogido y no percibir ingresos anuales, de cualquier naturaleza, superiores a 12.424 euros. Dicha cuantía se incrementa en un 15 % por cada hijo o menor acogido a cargo, a partir del segundo, incluido este. No se exige límite de ingresos para el reconocimiento de la condición de beneficiario cuando el hijo o menor acogido tenga discapacidad.

Cuando hay convivencia familiar y ambos progenitores cumplen los requisitos establecidos, deben elegir a uno de ellos como beneficiario, de común acuerdo. Si no hubiera acuerdo, resolverá el INSS sobre la base de la normativa sobre patria potestad.

Cuando se dan casos de separación, nulidad o divorcio, será beneficiario quien tenga al hijo o menor acogido a su cargo.

La **cuantía** será:

- Para hijos o menores acogidos menores de 18 años sin discapacidad: 341 euros anuales por hijo.
- Para hijos o menores acogidos menores de 18 años con discapacidad igual o superior al 33 %: 1.000 euros anuales por hijo.
- Para hijos mayores de 18 años con discapacidad igual o superior al 65 %: 4.747,20 euros anuales por hijo.
- Para hijos mayores de 18 años con discapacidad igual o superior al 75 %: 7.120,80 euros anuales por hijo.

La asignación económica **se extingue por**:

- El fallecimiento del causante. Si el que fallece es el beneficiario, la titularidad del derecho pasaría al progenitor sobreviviente, si tiene el causante a su cargo.

- El cumplimiento de la edad de 18 años, salvo cuando se trate de causante mayor de dicha edad afecto de una discapacidad igual o superior al 65 %.
- La desaparición o supresión de la discapacidad por mejoría del causante.
- El cese de la dependencia económica del causante respecto al beneficiario.
- La superación, en el año anterior, de los límites de ingresos legalmente establecidos para el mantenimiento del derecho.

*b) **Prestación económica por nacimiento o adopción de hijo, en supuestos de familias numerosas, monoparentales y en los casos de madres con discapacidad***

Se trata de una prestación económica de pago único reconocida en los casos señalados. La discapacidad de la madre ha de ser igual o superior al 65 %.

Para ser beneficiario de esta prestación es necesario que los padres o adoptantes residan en territorio español, no tengan derecho a otras prestaciones de esta misma naturaleza y no alcancen los límites máximos de ingresos previstos según el número de hijos.

En el caso de familias numerosas, si hay convivencia de los progenitores será beneficiario el progenitor o adoptante que decidan los dos de común acuerdo entre sí. Si no hubiera acuerdo será la madre, en su caso. Si no hubiera convivencia, será beneficiario quien tenga la guardia y custodia.

La **cuantía** es un pago único de 1.000 euros por hijo.

*c) **Prestación económica por parto o adopción múltiples***

Se trata de una prestación económica de pago único que se genera cuando se produce la situación señalada y el beneficiario resida en territorio español y no tenga derecho a otras prestaciones de la misma naturaleza.

Para determinar al **sujeto beneficiario,** aplicamos las mismas reglas que en el caso anterior.

La **cuantía** del pago único es la que se refleja en esta tabla:

Nº de hijos nacidos	Nº de veces del importe mensual del SMI	Importes en el año 2020
2	4	3.800 euros
3	8	7.600 euros
4 y más	12	11.400 euros

B) Contributivas

En este caso solo existe una prestación, denominada ***prestación no económica por cuidado de hijo, de menor acogido o de otros familiares***.

El art. 46.3 del Estatuto de los Trabajadores reconoce unos períodos de excedencia para el caso de cuidado de hijos, menores acogidos (hasta 3 años) u otros familiares hasta el 2º grado de consanguinidad o afinidad (hasta 2 años).

Esta prestación es **no económica** porque no genera dinero, sino la consideración como efectivamente cotizados, a efectos de jubilación, incapacidad permanente, muerte y supervivencia, maternidad y paternidad:

- Los tres primeros años de excedencia en caso de cuidado de hijo o menor acogido.
- El primer año de excedencia en caso de cuidado de familiares.

Además, **el período completo en que se esté en excedencia** por estas causas computará a efectos de antigüedad y asistencia a cursos de formación profesional. También tendrá la consideración de situación asimilada al alta en cuanto a prestaciones por desempleo.

Durante el primer año de excedencia también se reserva el puesto de trabajo, plazo que aumenta en el caso de familias numerosas.

1.4.12. Prestaciones por actos terroristas

Estas prestaciones existen para proteger a aquellas personas que resulten incapacitadas como consecuencia de actividades delictivas cometidas por bandas armadas o elementos terroristas y también a los familiares de quienes fallezcan por las mismas causas sin ser responsables de ellas.

La forma de acreditar ser víctima de un acto terrorista es por medio de un certificado del Ministerio del Interior emitido al efecto.

Como consecuencia de este tipo de actos, se pueden percibir varias clases de prestaciones diferentes:

a) Pensiones por incapacidad permanente.

b) Pensiones de supervivencia (viudedad, orfandad y en favor de familiares).

c) Otras prestaciones.

a) Pensiones por IP

Para ser beneficiario habrá que estar afiliado a la Seguridad Social y ser víctima de un acto terrorista sin ser responsable del mismo.

Su cuantía se calcula de acuerdo con las normas establecidas para las pensiones por incapacidad permanente derivadas de accidente de trabajo.

Para calcular la **base reguladora**:

- En el caso de personas en alta en el momento del atentado: se divide por 14 el resultado de multiplicar por 12 la última base de cotización mensual.
- En el caso de personas no en alta en el momento del atentado: se toma como base mensual de cotización la base mínima del Régimen General de la Seguridad Social.
- En el caso de ser pensionista en el momento del atentado: se toma como base reguladora la correspondiente a su pensión.

Acto seguido **se aplica un porcentaje** a esta base reguladora, según la incapacidad que se reconozca:

- Si se trata de incapacidad permanente total, el 55 %.
- Si se trata de incapacidad permanente total cualificada, el 75 % (a partir de los 55 años y no realización de trabajo).
- Si se trata de incapacidad permanente absoluta, el 100 %.
- Si se trata de gran invalidez, la pensión reconocida en los apartados anteriores se incrementará con un complemento destinado al beneficiario para que pueda remunerar a la persona que le atienda.

Finalmente, la cuantía de la prestación será la cantidad resultante de aplicar un coeficiente del 200 % a la cantidad que resulte de aplicar el porcentaje.

Su **importe mínimo** mensual es tres veces el importe del IPREM.

Las prestaciones por IP por actos terroristas, así como las de viudedad, orfandad y en favor de familiares no tienen límite máximo de importe desde 2016.

Estas pensiones están exentas de tributar por IRPF.

b) **Pensiones de supervivencia (viudedad, orfandad y en favor de familiares)**

Los **causantes** de estas pensiones son trabajadores afiliados, en alta o en situación asimilada al alta en la Seguridad Social que fallezcan como consecuencia de actos de terrorismo de los que no sean responsables.

Los **beneficiarios** serán los que corresponda en cada caso según las normas generales de cada prestación prevista en este supuesto.

En cuanto a la cuantía, la base reguladora se calcula igual que en el caso anterior. A la base reguladora se le aplica un porcentaje

- Si se trata de viudedad, el 52 % con carácter general.
- En caso de orfandad, el 20 % por huérfano, con carácter general.
- En caso de pensión en favor de familiares, el 20 % por familiar beneficiario, con carácter general.

Finalmente, la cuantía de la prestación será la cantidad resultante de aplicar un coeficiente del 200 % a la cantidad que resulte del porcentaje anterior a la base reguladora.

Su **importe mínimo** mensual es tres veces el importe del IPREM.

Su **importe máximo** no puede superar la cantidad máxima para las pensiones públicas (2.683,34 euros mensuales para 2020).

Estas pensiones están exentas de tributar por IRPF.

c) **Otras prestaciones**

Las personas consideradas víctimas del terrorismo y sus familiares pueden, además de las pensiones previstas anteriormente, disfrutar de una serie de prestaciones de tipo **no económico,** que complementan a las pensiones anteriores. Se concretan en supuestos como acceso a residencias para mayores, programas de vacaciones y turismo, asistencia domiciliaria, acceso a centros para discapacitados, asistencia sanitaria, etc.

Por otra parte, pueden acceder a algunas **ayudas de tipo económico** como indemnizaciones por daños materiales y/o personales, ayudas al estudio, subvenciones, exención de tasas académicas, etc. En este caso no se trata de prestaciones de la Seguridad Social, sino que las gestiona del Ministerio del Interior.

1.4.13. Seguro Escolar

El seguro escolar fue creado en 1953 para establecer un mecanismo de cobertura a los estudiantes. Su contenido y prestaciones se han ido ampliando posteriormente en sucesivas normas hasta la actual configuración que vamos a estudiar. Se considera un Régimen Especial de la Seguridad Social.

¿A quién cubre?

A los estudiantes menores de 28 años, españoles o extranjeros, que residan legalmente en España y que cursen estudios matriculados de manera oficial a partir de 3º de la Enseñanza Secundaria Obligatoria (ESO).

Incluye, por tanto, a los estudiantes menores de 28 años del segundo ciclo de la ESO, Bachillerato, Ciclos Formativos de Grado Medio y Superior, FP Básica, estudios universitarios de grado medio y superior y tercer ciclo de estudios universitarios conducentes al título de Doctor, y otros estudios en los mismos términos (entre otros los estudios de grado superior en los conservatorios). Se incluyen específicamente los estudiantes universitarios que realicen prácticas en empresas y los estudiantes de ciclos de formación profesional que realicen la FCT.

El **alta** en el seguro se produce de forma automática en el momento de realizar la matrícula de los estudios correspondientes. La **cotización** se produce en el momento de abonar la matrícula, correspondiendo el 50 % de su importe al estudiante y el 50% restante al Ministerio de Educación. Para el curso 2019-2020, fue de 2,24 euros en total (1,12 euros el estudiante y 1,12 euros el Ministerio).

¿Qué contingencias cubre el seguro escolar?

El seguro escolar ofrece a los asegurados la cobertura de los siguientes riesgos:

a) Accidente escolar.

b) Infortunio familiar.

c) Enfermedad.

a) **Accidente escolar**

Por accidente escolar se entienden las lesiones corporales que sufra el estudiante como consecuencia de actividades relacionadas directa o indirectamente con su condición de estudiante.

Las prestaciones por accidente escolar incluyen:

- Asistencia médica y farmacéutica: prestación no económica, desde el momento del accidente hasta el alta médica o la declaración de incapacidad permanente absoluta o gran invalidez.
- Indemnización y/o pensión por incapacidad: prestaciones económicas. Si el accidente genera una incapacidad permanente y absoluta para los estudios, le corresponde al estudiante una indemnización que oscila entre 150,25 euros y 601,01 euros. Si el accidente genera una gran invalidez para los estudios, se abona una pensión vitalicia de 144, 24 euros mensuales.
- Indemnización por fallecimiento: si el resultado del accidente escolar fuera la muerte, se abonará a los familiares 30,05 euros en concepto de gastos de sepelio, ampliables si el accidente fuera en lugar distinto al de residencia familiar. Si el fallecido tuviera a cargo cónyuge, hijos, ascendientes directos mayores de 65 años o incapacitados para todo trabajo, o hermanos menores de edad o incapacitados para todo trabajo, se concederá a éstos, además, una indemnización de 300,51 euros.

b) **Infortunio familiar**

Por infortunio familiar se entiende la situación sobrevenida en el hogar del estudiante que le impide a este continuar sus estudios:

- Por fallecimiento del cabeza de familia: padre o madre que aporten ingresos a la economía familiar.
- Por ruina o quiebra familiar.

La cuantía de esta prestación ascenderá a:

- 86,55 euros para estudiantes pertenecientes a familias no numerosas.
- 103,85 euros para estudiantes pertenecientes a familias numerosas de categoría general.
- 129,82 euros para estudiantes pertenecientes a familias numerosas de categoría especial.

Se **abonará** durante el número de años que falten al beneficiario para acabar, normalmente y sin repetir curso, su carrera y, en todo caso, **se extingue** al cumplir los 28 años de edad.

c) **Prestaciones por enfermedad**

Esta prestación comprende asistencia médica, farmacéutica y una indemnización por gastos de sepelio en caso de fallecimiento por enfermedad del asegurado.

- La asistencia médica se prestará desde que se notifique la enfermedad hasta la curación o hasta la finalización del curso si en esa fecha no se hubiera matriculado de nuevo. La asistencia incluye hospitalización, si fuera necesario, por cirugía general, neuropsiquiatría, tuberculosis pulmonar y ósea y tocología.
- La asistencia farmacéutica, prestada durante el tiempo que dure la asistencia médica, será completa y gratuita en caso de internamiento y del 70 % del importe en caso de tratamiento ambulatorio.
- La indemnización por gastos de sepelio se produce en los mismos términos que en el caso del accidente escolar.

1.4.14. Prestaciones por desempleo (SPEE)

Las prestaciones por desempleo están previstas para dar cobertura a situaciones en las que la ausencia de actividad laboral, ajena a la voluntad del trabajador, implica la pérdida de ingresos para el trabajador.

Existen dos niveles de protección en este caso, el contributivo, que proporciona prestaciones sustitutivas de las rentas salariales que se dejan de percibir, y el asistencial, que protege a quienes no tienen empleo y además se encuentran en determinadas situaciones específicas.

A) Nivel contributivo: la prestación por desempleo

La prestación por desempleo consiste en una prestación económica dirigida a cubrir la situación de necesidad que se origina cuando un trabajador pierde su puesto de trabajo y, por ello, los ingresos que vienen aparejados al mismo, o cuando el trabajador ve reducida temporalmente su jornada ordinaria de trabajo entre un 10 % y un 70 %.

Para poder percibir esta prestación, el trabajador debe cumplir unos requisitos generales:

a) Estar en situación legal de desempleo.

b) Cumplir el período de cotización previa exigido.

c) No estar incurso en alguna situación de incompatibilidad.

d) Estar en situación de afiliación, alta o asimilado al alta.

e) No haber cumplido la edad establecida para tener derecho a la pensión contributiva de jubilación.

a) Situación legal de desempleo

Con carácter general, se entiende que un trabajador está en situación legal de desempleo cuando pierde su puesto de trabajo por causas ajenas a su voluntad. Esto incluye los despidos, los ceses, la finalización de contratos de duración determinada, la finalización de la relación administrativa en caso de funcionarios y aquellos supuestos contemplados en la ley en los que, siendo la decisión de abandonar el puesto de trabajo tomada por el trabajador, se reconoce el derecho a percibir la prestación (modificaciones sustanciales de las condiciones de trabajo, por ejemplo). La baja voluntaria del trabajador en el puesto de trabajo, como regla general, no permite optar la una prestación por desempleo salvo en los casos mencionados.

Igualmente, se reconoce esta situación a aquellos trabajadores que se enfrenten a la extinción, suspensión o reducción temporal de la jornada ordinaria de trabajo entre un 10 % y un 70 % (los conocidos como Expedientes de Regulación de Empleo).

Es necesario que el trabajador se haya inscrito como demandante de empleo, esta situación se mantenga durante todo el período en que se perciba la prestación y, además, se haya suscrito el compromiso de actividad al inscribirse como demandante de empleo.

b) Período de cotización previa exigido

Para acceder a la prestación por desempleo, es necesario acreditar un mínimo de 360 días cotizados durante los 6 años anteriores a la situación legal de desempleo o al momento en que cesó la obligación de cotizar.

c) No estar incurso en ninguna causa de incompatibilidad

Como regla general, la prestación por desempleo es incompatible

- Con actividades laborales por cuenta propia o ajena a tiempo completo.

- Con el ejercicio de cargos públicos o sindicales que exijan dedicación exclusiva.
- Con actividades de investigación o cooperación retribuidas con dedicación exclusiva.
- Con la percepción de prestaciones económicas de la Seguridad Social salvo que éstas hubiera sido compatibles con el trabajo que originó esta prestación por desempleo o que se trate de la prestación por hijo a cargo.
- Con la percepción de cualquier otra prestación pública que sea sustitutiva de las rentas que se dejan de percibir por el cese de actividad.

d) **Estar en situación de afiliación, alta o asimilado al alta**

El trabajador tiene que cumplir este requisito en un régimen que contemple la prestación por desempleo.

e) **No haber cumplido la edad establecida para tener derecho a la pensión contributiva de jubilación**

Duración de la prestación por desempleo

La prestación por desempleo tiene una **duración variable** que depende del número total de días cotizados en los seis años anteriores a la situación legal de desempleo, según la siguiente tabla:

Período de cotización previa (en días)	Período de prestación (en días)
De 360 a 539	120
De 540 a 719	180
De 720 a 899	240
De 900 a 1.079	300
De 1.080 a 1.259	360
De 1.260 a 1.439	420
De 1.440 a 1.619	480
De 1.620 a 1.799	540
De 1.800 a 1.979	600
De 1.980 a 2.159	660
De 2.160 en adelante	720

Cálculo de la prestación por desempleo

Para poder calcular el importe de la prestación por desempleo, es necesario determinar previamente l*a base reguladora diaria*, que se obtiene sumando las bases de cotización por desempleo del trabajador en **los últimos 180 cotizados** antes de acceder a la situación legal de desempleo, restando las horas extraordinarias, y dividiéndolo por 180.

$$BR = \frac{\textit{Bases de Cotización por desempleo de los últimos } 180 \textit{ días} - \textit{retribuciones por horas extras}}{180}$$

Una vez calculada la base reguladora, se obtiene la cuantía del importe diario de la prestación aplicándole un porcentaje que depende del tiempo que tenga derecho a cobrar la prestación:

- **Los primeros 180 días** percibirá el 70 % de la base reguladora.
- **A partir del día 181** percibirá el 50 % de la base reguladora.

Por otra parte, existen unos límites mínimos y máximos en la cuantía final del importe de la prestación, que dependen del número de hijos menores de 26 años que estén a cargo del trabajador:

Número de hijos	Límite máximo	Límite mínimo
Sin hijos	175 % del IPREM	80 % del IPREM
1 hijo	200 % del IPREM	107 % del IPREM
2 o más hijos	225 % del IPREM	107 % del IPREM

Estas cuantías se calculan sobre el importe mensual del IPREM incrementado en 1/6 en concepto de pagas extraordinarias. Por lo tanto, los límites, mínimo y máximo, para el año 2020, teniendo en cuenta el importe del IPREM vigente, quedarían reflejadas en euros según la siguiente tabla.

Número de hijos	Límite máximo	Límite mínimo
Sin hijos	1.098,09 euros/mes	501,98 euros/mes
1 hijo	1.254,96 euros/mes	671,40 euros/mes
2 o más hijos	1.411,83 euros/mes	671,40 euros/mes

Retenciones y cotización

La prestación se abona por meses vencidos a partir de su reconocimiento y está sujeta a retención por IRPF y a cotización a la Seguridad Social por contingencias comunes, puesto que el trabajador que la percibe se encuentra en situación de alta. En este caso el 4,70 % corresponde al trabajador (se le descuenta) y el 23,60 corresponde al Servicio Público de Empleo Estatal.

Suspensión y extinción de la prestación.

La prestación contributiva por desempleo **puede ser suspendida** en determinadas causas y, salvo por sanción, la prestación puede reanudarse en el momento que cesen las causas que dieron lugar a la suspensión. Ejemplos de suspensión son:

- Traslado de residencia al extranjero por período inferior a 12 meses.
- Estancia en el extranjero por un período, continuado o no, de hasta 90 días por año natural.
- Pasar a situación de maternidad o paternidad.
- Cumplimiento de condena que implique privación de libertad.
- Realización de un trabajo por cuenta ajena de duración inferior a 12 meses (se genera un nuevo derecho y es necesario optar en caso de querer reanudar la prestación).
- Realización de un trabajo por cuenta propia de duración inferior a 24 meses.
- Sanción por infracción leve o grave.

La prestación **se extingue** por las siguientes causas:

- Agotamiento del período de duración de la prestación.
- Traslado de residencia al extranjero superior a la que se prevé para la suspensión.
- Fallecimiento.
- Pasar a ser pensionista por jubilación o incapacidad permanente.
- Realización de un trabajo por cuenta ajena de duración igual o superior a 12 meses.
- Realización de un trabajo por cuenta propia de duración igual o superior a 24 meses.

- Renuncia voluntaria.
- Imposición de sanción de extinción por reincidencia en infracciones leves o graves.

Supuesto de trabajadores a tiempo parcial que pasan a la situación de desempleo

Para el **cómputo de la duración de la prestación,** si las cotizaciones acreditadas corresponden a un trabajo a tiempo parcial o a trabajo efectivo en los casos de reducción de jornada, cada día trabajado se computará como día cotizado cualquiera que haya sido la duración de la jornada.

Para el cálculo de la cuantía de la prestación, esta se fijará según las reglas generales, reduciéndose en proporción a la reducción de la jornada de trabajo, sin que los importes mínimo y máximo puedan superar la cuantía del IPREM en función de las horas trabajadas.

Supuesto de pago único de la prestación

Para facilitar el acceso al autoempleo, existe la posibilidad de percibir en un único pago el importe total de la prestación contributiva por desempleo, o una parte de la misma, a la que el trabajador solicitante tuviera derecho reconocido en los términos anteriormente señalados.

Requisitos:

- Que queden al menos 3 meses de prestación pendientes de percibir.
- No haber solicitado y obtenido el pago único en los 4 años anteriores.
- Que la actividad profesional se vaya a desarrollar como autónomo o se va a constituir o incoporar a una cooperativa, sociedad laboral o sociedad mercantil.
- Que la actividad, constitución o incorporación se inicie en el plazo máximo de un mes desde la concesión y, en todo caso, nunca antes de la solicitud.

Cuantías:

En el caso de autónomos: el trabajador puede solicitar:

- Como máximo el 100 % del importe total pendiente de percibir si se justifica como inversión necesaria para iniciar la actividad, como regla general.
- Exclusivamente la cantidad que justifique como inversión.

- El importe total pendiente de percibir si es para la subvención de cuotas mensuales a la Seguridad Social.

En el caso de socio trabajador o de carácter estable en una cooperativa existente o de nueva creación:

- Puede solicitar y obtener en un solo pago la cantidad que tenga que desembolsar como aportación obligatoria y en su caso, voluntaria y cuota de ingreso para adquirir la condición de cooperativista, sin que se puedan financiar desembolsos futuros o pagos aplazados.
- Puede solicitar y obtener exclusivamente la cantidad que justifique como aportación obligatoria y en su caso voluntaria y cuota de ingreso a la cooperativa.
- Puede solicitar y obtener exclusivamente el importe total de la prestación pendiente de percibir para la subvención de cuotas mensuales de la Seguridad Social.

En el caso de socio trabajador o de carácter estable en una sociedad laboral existente o de nueva creación:

- Puede solicitar y obtener en un solo pago la cantidad que tenga que desembolsar para adquirir la condición de socio en concepto de acciones o participaciones del capital social de la empresa, sin que se puedan financiar ampliaciones de capital, desembolsos futuros o pagos aplazados.
- Puede solicitar y obtener exclusivamente la cantidad que justifique como desembolso para adquirir la condición de socio en concepto de acciones o participaciones del capital social de la empresa.
- Puede solicitar y obtener exclusivamente el importe total de la prestación pendiente de percibir para la subvención de cuotas mensuales de la Seguridad Social.

Como socio trabajador en una entidad mercantil de nueva constitución o constituida en un plazo máximo de 12 meses anteriores a la aportación, puede obtener el 100 % de la aportación al capital social, siempre que desarrolle una actividad profesional o laboral de carácter indefinido e independientemente del Régimen de la Seguridad Social en el que esté encuadrado.

B) Nivel asistencial: el subsidio por desempleo

Para poder ser perceptor del subsidio por desempleo es necesario que se cumplan los siguientes **requisitos**:

Estar en paro, inscrito como demandante de empleo durante el plazo de un mes, sin haber rechazado oferta de empleo adecuada ni haberse negado a participar, salvo causa justificada, en acciones de promoción, formación o reconversión profesionales, y careciendo de rentas de cualquier naturaleza superiores, en cómputo mensual, al 75 % del SMI, excluida la parte proporcional de dos pagas extraordinarias, encontrándose en alguna de las siguientes situaciones:

- Haber agotado la prestación por desempleo y tener responsabilidades familiares.
- Haber agotado la prestación por desempleo, carecer de responsabilidades familiares y ser mayor de cuarenta y cinco años de edad en la fecha del agotamiento.
- Ser trabajador español emigrante que, habiendo retornado de países no pertenecientes al Espacio Económico Europeo, o con los que no exista convenio sobre protección por desempleo, acredite haber trabajado como mínimo doce meses en los últimos seis años en dichos países desde su última salida de España, y no tenga derecho a la prestación por desempleo.
- Haber sido liberado de prisión y no tener derecho a la prestación por desempleo, siempre que la privación de libertad haya sido por tiempo superior a seis meses.
- Haber sido declarado plenamente capaz o inválido en el grado de incapacidad permanente parcial para la profesión habitual, como consecuencia de un expediente de revisión por mejoría de una situación de invalidez en los grados de incapacidad permanente total para la profesión habitual, incapacidad permanente absoluta para todo trabajo o gran invalidez.

Si, en el momento de producirse la situación legal de desempleo, el trabajador no había cotizado el período mínimo para acceder a una prestación contributiva, se exige **acreditar**:

- Haber cotizado al menos 3 meses si se tienen responsabilidades familiares.
- Haber cotizado al menos 6 meses aunque se carezca de responsabilidades familiares.
- En el caso de trabajadores mayores de 52 años, con o sin cargas familiares, haber cotizado al menos durante 6 años en toda la vida laboral y reunir los requisitos para acceder a una prestación contributiva por jubilación.

Duración del subsidio: **como regla general,** el subsidio se puede percibir durante 6 meses, prorrogables por períodos semestrales hasta 18 meses. Existen excepciones a esta regla general en las que se amplía esta duración máxima teniendo en cuenta la edad del trabajador y el tiempo que hubiera percibido la prestación por desempleo agotada.

Edad del trabajador	Duración de la prestación agotada	Duración máxima del subsidio
Más de 45 años	Al menos 120 días	24 meses
Más de 45 años	Al menos 180 días	30 meses
Menos de 45	Al menos 180 días	24 meses

Por otra parte, el subsidio no se prorrogará en ningún caso más allá de los 6 meses en el caso de haber agotado la prestación por desempleo, carecer de responsabilidades familiares y ser mayor de cuarenta y cinco años de edad en la fecha del agotamiento.

En el caso de **trabajadores que no hubiesen cotizado el período mínimo para acceder a la prestación contributiva en el momento de producirse la situación legal de desempleo y tienen responsabilidades familiares,** la duración será la siguiente:

Período de cotización	Duración del subsidio
3 meses	3 meses
4 meses	4 meses
5 meses	5 meses
6 o más meses	21 meses (por períodos de 6 meses prorrogables)

Si no tiene responsabilidades familiares y se han cotizado 6 meses o más, el subsidio durará 6 meses improrrogables.

La **cuantía** del subsidio por desempleo será el 80 % del IPREM vigente en cada momento. En 2020, teniendo en cuenta la cuantía del IPREM, el subsidio asciende a 430,27 euros.

En el caso de perceptores del subsidio cuyo último empleo fuera a tiempo parcial, esta cuantía se minorará en proporción a las horas trabajadas.

C) Protección por cese de actividad para el trabajador autónomo

Los trabajadores afiliados a la Seguridad Social y de alta en el RETA cuentan con la protección obligatoria ante la situación de cese total —definitivo o temporal— en la actividad que originó el alta en el régimen especial, no obstante poder y querer ejercer una actividad económica o profesional a título lucrativo. Es lo que podríamos llamar "el paro de los autónomos".

Esta protección comprende tres prestaciones:

- La prestación económica por cese total, temporal o definitivo, de la actividad.
- El abono de la cotización a la Seguridad Social del trabajador autónomo al régimen correspondiente.
- El abono de la cotización a la Seguridad Social del trabajador autónomo por todas las contingencias al régimen correspondiente, a partir del sexagésimo primer día de baja.

Los **requisitos** para tener derecho a esta protección son los siguientes:

- Estar afiliado y en alta en el RETA.
- Tener cubierto un período mínimo de cotización por cese de actividad de 12 meses.
- Encontrarse en situación legal de cese de actividad, suscribir el compromiso de actividad y acreditar activa disponibilidad para la reincorporación al mercado de trabajo.
- No haber cumplido la edad ordinaria para causar derecho a la pensión contributiva de jubilación.
- Estar al corriente en el pago de las cuotas a la Seguridad Social.

Se entiende que se produce la **situación legal de cese de actividad** en alguno de los siguientes casos:

- Por la concurrencia de motivos económicos, técnicos, productivos u organizativos determinantes de la inviabilidad de proseguir la actividad económica o profesional.
- Por fuerza mayor que determina el cese temporal o definitivo de la actividad económica o profesional.
- Por pérdida de la licencia administrativa, siempre que la misma constituya un requisito para el ejercicio de la actividad económica o profesional y no venga motivada por la comisión de infracciones penales.
- La violencia de género que determina el cese temporal o definitivo de la actividad de la trabajadora autónoma.
- Por divorcio o separación matrimonial, mediante resolución judicial, en los supuestos en que el autónomo ejerciera funciones de ayuda fami-

liar en el negocio de su excónyuge o de la persona de la que se ha separado.

La prestación económica tiene una **duración variable** en función del número de meses cotizados dentro de los 48 meses anteriores a la situación de cese de actividad, de los cuales al menos 12 deben ser ininterrumpidos e inmediatamente anteriores al cese. Lo vemos en la siguiente tabla:

Meses cotizados Meses de protección

Meses cotizados	Meses de protección
De 12 a 17	4
De 18 a 23	6
De 24 a 29	8
De 30 a 35	10
De 36 a 42	12
De 43 a 47	16
De 48 en adelante	24

La **cuantía** de la prestación económica será el 70 % de la base reguladora, que es el promedio de las bases por las que el autónomo hubiere cotizado en los 12 meses ininterrumpidos e inmediatamente anteriores a la situación legal de cese de actividad.

El tope máximo de cuantía es el 175 % del IPREM, salvo si se tienen hijos a cargo, en cuyo caso el tope es el 200 % del IPREM (1 hijo) o el 225 % (más de 1 hijo). El tope mínimo es el 107 % del IPREM si el trabajador tiene hijos a su cargo, o del 80 % en caso contrario.

La prestación se **extingue** si:

- Se agota el plazo de duración de la misma.
- Se realiza trabajo por cuenta propia o ajena durante 12 meses o más.
- Se cumple la edad de jubilación ordinaria, salvo que no se reúnan los requisitos para obtener una pensión contributiva de jubilación.
- Se reconoce una pensión de jubilación o de incapacidad permanente.
- Se traslada la residencia al extranjero.
- Hay renuncia voluntaria o fallecimiento del trabajador.
- Hay una sanción administrativa o judicial.

1.4.15. Otras prestaciones

Fuera de todas las prestaciones que ya hemos estudiado, podemos incluir una más que no se recoge en ningún epígrafe de los vistos hasta ahora. Se trata de la **prestación por cuidado de menores afectados por cáncer u otra enfermedad grave.**

Se trata de una prestación **económica y contributiva** prevista para progenitores, adoptantes o acogedores que reducen su jornada de trabajo, con la rebaja salarial correspondiente, para el cuidado de menores en los casos señalados.

Las enfermedades graves previstas son las recogidas en el anexo del Real Decreto 1148/2011[17].

Serán **causantes** de esta prestación los hijos o menores acogidos a cargo del beneficiario siempre que:

- Sean menores de 18 años.
- Padezcan cáncer o una enfermedad grave que requiera ingreso hospitalario de larga duración.
- Y, además, precisen cuidado directo, continuo y permanente de sus progenitores, adoptantes o acogedores.

Serán **beneficiarios** de esta prestación los trabajadores por cuenta ajena o cuenta propia, progenitores, adoptantes o acogedores de los causantes, que:

- Se encuentren afiliados y en alta en la Seguridad Social.
- Reduzcan su jornada de trabajo en, al menos, un 50 %.
- Acrediten un período de cotización previo igual al previsto en el caso de maternidad en función de la edad del beneficiario.

Solo uno de los progenitores, adoptantes o acogedores podrá ser beneficiario. En principio se resuelve por común acuerdo. Si no lo hubiera, corresponderá a quien tenga la custodia y, si esta es compartida, al primero en solicitarlo.

La **cuantía** equivale al 100 % de la base reguladora establecida para la prestación por incapacidad temporal derivada de contingencias profesionales.

Esta prestación **se extinguirá:**

- Por la reincorporación plena al trabajo o reanudación total de la actividad laboral del beneficiario.

[17] Real Decreto 1148/2011, de 29 de julio, para la aplicación y desarrollo, en el sistema de la Seguridad Social, de la prestación económica por cuidado de menores afectados por cáncer u otra enfermedad grave.

- Por cesar la necesidad del cuidado directo, continuo y permanente del menor.
- Cuando uno de los progenitores, adoptantes o acogedores del menor cese en su actividad laboral.
- Por cumplir el menor 18 años.
- Por fallecimiento del menor.
- Por fallecimiento del beneficiario de la prestación.

Anexos: actividades resueltas y propuesta de actividades

Actividades resueltas

A modo ilustrativo se incluyen algunos ejemplos resueltos de cálculo de prestaciones.

A) CÁLCULO DE PRESTACIONES POR INCAPACIDAD TEMPORAL

Para realizar estos ejercicios resueltos, partiremos de un supuesto tipo inicial ficticio cuyos datos utilizaremos en las siguientes actividades:

Loreto es una trabajadora de 35 años de edad. Su grupo de cotización es el 3.

Su BCCC durante el mes anterior a la baja es de 1200 euros.

Su Base por AT y EP durante el mes anterior a la baja es de 1500 euros.

Su base por horas extraordinarias durante ese mismo mes es de 300 euros.

Durante el año anterior a la baja realizó horas extras por importe de 2000 euros.

Tiene cotizados 2160 días desde que comenzó su vida laboral, todos ellos ininterrumpidos.

1) Por enfermedad común o accidente no laboral:

Loreto se rompe una pierna mientras hace senderismo el sábado 4 de febrero y le corresponde por esta razón un período de baja laboral de 90 días. Su base de cotización por contingencias comunes fue, en el mes de septiembre, de 1200 euros. Calcula:

a) El importe de la prestación por IT durante el mes de febrero.

b) El importe de la prestación por IT durante el mes de marzo.

c) El importe de la prestación por IT durante el mes de abril.

a) En primer lugar hemos de tener claro que, al tratarse de un accidente que no tiene que ver con el trabajo, estamos ante un caso de IT por accidente no laboral. La base reguladora diaria, en estos casos se calcula aplicando la siguiente fórmula:

$$BR = \frac{BCCC\ del\ mes\ anterior\ a\ la\ baja}{30\,(si\ el\ salario\ es\ mensual)\,o\ los\ días\ cotizados\ en\ el\ mes\ anterior\ a\ la\ baja\,(salario\ diario)}$$

Con los datos que tenemos de Loreto, la base reguladora se calcularía así:

$$BR = \frac{1200}{30} = 40\, euros$$

Donde 1200 es la BCCC, el divisor es 30 pues el grupo 3 de cotización tiene salario mensual.

Una vez calculada la base reguladora (diaria), aplicaremos la siguiente tabla para conocer el porcentaje aplicable para reducir la base y obtener el importe diario de la prestación:

Días de baja	Cuantía
1º, 2º y 3º	No se cobra prestación*
4º al 20º	60 % de la BR
21º y siguientes	75 % de la BR

Teniendo en cuenta que Loreto empieza la baja el mismo día del accidente (4 de febrero), y no diciéndose que el empresario haya optado por la mejora voluntaria, **los tres primeros días no se percibe prestación** (4, 5 y 6 de febrero).

Los siguientes 17 días (entre el 7 y el 23 de febrero, ambos inclusive) percibe el 60 % de la base reguladora, es decir, 24 euros diarios.

A partir del 21º día de baja (a partir del 24 de febrero inclusive, en nuestro caso) percibe el 75 % de la base reguladora, es decir, 30 euros diarios hasta el momento del fin de la baja.

Una vez calculados los importes diarios, hemos de tener en cuenta que se pide el importe de la prestación por IT en meses naturales (octubre, noviembre, etc.).

a) **En febrero,** Loreto ha estado de baja un total de 25 días (del 4 al 28 del mes, ambos inclusive).

   De esos 14 días, en los tres primeros no se percibe prestación.

   En los 22 días siguientes (del 7 al 28 de febrero), cobrará dos cantidades distintas:

   - 24 euros diarios (60 % de la base reguladora) hasta el 20º día de baja (23 de febrero): 408 euros (24 euros x 17 días)
   - 30 euros diarios (75 % de la base reguladora) desde el 21º día de baja (24 de febrero): 150 euros (30 euros x 5 días)

Así, el importe por IT durante el **mes de febrero asciende a 558 euros** (408 + 150 euros).

Los días de febrero hasta la baja los cobra de salario.

b) **En marzo,** Loreto ha estado de baja un total de 31 días (del 1 al 31 ambos inclusive).

Como en febrero ya alcanzó el día 20º de la baja, durante todo el mes de marzo percibirá el 75 % de la base reguladora (30 euros diarios).

Al tener marzo 31 días, el importe a percibir durante ese mes serán 930 euros (30 euros x 31 días).

c) **En abril,** Loreto está los 30 días del mes de baja, pues todavía no ha agotado los 90 días totales de baja (hasta el 31 de marzo ha estado 56 días de baja). Se sigue cobrando el 75 % de la base reguladora (30 euros diarios).

Así, el importe por IT durante el mes de abril ascenderá a 900 euros (30 euros x 30 días).

2) Por accidente de trabajo o enfermedad profesional:

Imaginemos que Loreto, en lugar de romperse una pierna haciendo senderismo, se la rompe el mismo día (4 de febrero), pero esta vez mientras se encuentra en su puesto de trabajo. El período de baja es el mismo. Para calcular la base reguladora diaria, aplicamos la siguiente fórmula:

$$BR = \frac{Base\ AT\ y\ EP\ mes\ anterior - horas\ extra}{Días\ cotizados\ en\ el\ mes\ anterior} + \frac{Horas\ extra\ del\ año\ anterior\ a\ la\ baja}{365\ (salario\ diario)\ ó\ 360\ (salario\ mensual)}$$

En este caso se necesita más información sobre las horas extraordinarias de mes anterior y sobre las horas extraordinarias realizadas en el año anterior a la baja. Teniendo en cuenta los datos iniciales:

- Base AT y EP enero: 1500 euros.
- Importe por horas extraordinarias realizadas en enero: 300 euros.
- Horas extraordinarias realizadas en el año natural anterior a la baja: 2000 euros.
- Durante enero trabajó durante todo el mes, por tanto cotizó por 30 días al ser su salario mensual.

Aplicamos esta información a la fórmula anterior y quedaría como sigue:

$$BR = \frac{1500 - 300}{30} + \frac{2000}{360}$$

Por lo que la base reguladora sería el resultado de sumar:

$$BR = 40 + 5.56 = 45.56 \, euros \; diarios$$

Si en todos los días de baja se percibe el 75 % de la base reguladora, habrá que calcular ese 75 % de 45,56, que son 34,17 euros.

En el caso de accidente laboral o enfermedad profesional, hemos de tener en cuenta que el día del accidente (4 de febrero) no es técnicamente día de baja. La baja comienza a contarse a partir del día siguiente (5 de febrero) por tanto durante el mes de febrero el importe por IT ascenderá a 820,08 euros (34,17 euros x 24 días, entre el 5 y el 28 de febrero).

Durante el mes de **marzo,** serían 31 días cobrando el 75 % de la base reguladora, por tanto se cobrarían por IT: 1.059,27 euros (34,17 euros x 31 días).

Durante el mes de **abril,** serían 30 días cobrando el 75 % de la base, por tanto el trabajador percibiría por IT: 1.025,10 euros (34,17 euros x 30 días).

B) CÁLCULO DE PRESTACIONES POR MATERNIDAD

En este caso Loreto da a luz a un bebé el día 4 de febrero. Como regla general, le corresponden 16 semanas de baja (112 días) si cumple con los requisitos de cotización previa de la siguiente tabla:

Edad	Período mínimo de cotización en los 7 años anteriores	Período mínimo de cotización en toda su vida laboral
Menos de 21	No hay	No hay
Entre 21 y 26	90 días	180 días
Más de 26	180 días	360 días

Como tiene cotizados 2160 días, cumple los requisitos para percibir la prestación por maternidad. Si no los cumpliese habría que ver si le es aplicable el subsidio no contributivo por maternidad.

Lo siguiente es calcular la **base reguladora diaria** que se le aplica, según la fórmula:

$$BR = \frac{BCCC\ del\ mes\ anterior\ a\ la\ baja}{30\,(si\ el\ salario\ es\ mensual)\ o\ los\ días\ cotizados\ en\ el\ mes\ anterior\ a\ la\ baja\,(salario\ diario)}$$

Con los datos de que disponemos, la base reguladora diaria asciende a:

$$BR = \frac{1200}{30} = 40\ euros$$

En el caso de la maternidad, se percibe el 100 % de la base reguladora desde el parto, por tanto si este ha sido el 4 de febrero, ese día se cuenta.

En febrero, Loreto percibirá por maternidad: 1.000 euros (25 días x 40 euros).

En marzo, Loreto percibirá por maternidad: 1.240 euros (31 días x 40 euros).

En abril, Loreto percibirá por maternidad: 1.200 euros (30 días x 40 euros).

La cuantía total de la prestación ascendería a: 4.480 euros (112 días totales x 40 euros), aunque se percibe mes a mes, como si fuera salario.

C) CÁLCULO DE PRESTACIONES POR DESEMPLEO

Loreto es despedida el 3 de febrero y quiere saber si tiene derecho a prestación por desempleo, durante cuánto tiempo y a cuánto ascendería.

En primer lugar, cumple el requisito de cotización previa de 360 días, por lo que sí tendría derecho a percibir prestación por desempleo.

En segundo lugar, para saber la duración, procedemos a comprobar cuántos días tiene cotizados en los 6 años anteriores. Como tiene 2160 días cotizados le correspondería percibir prestación durante 720 días.

En tercer lugar, procedemos a calcular el importe de la base reguladora diaria, según la fórmula siguiente:

$$BR = \frac{Bases\ de\ Cotización\ por\ desempleo\ de\ los\ últimos\ 180\ días - retribuciones\ por\ horas\ extras}{180}$$

La base de cotización por desempleo es la misma que la base de AT y EP, que tendremos que reducir a cuantía diaria dividiendo el importe total de las bases de AT y EP por 30 días, para luego multiplicarlo por 180. Así, las bases de cotización por desempleo en los últimos 180 días ascenderían a: 9000 euros.

Suponemos que por horas extras solo ha percibido en los 180 días anteriores los 300 de septiembre.

Así la base reguladora quedaría de la siguiente manera:

$$BR = \frac{9.000 - 300}{180} = 48{,}34 \textit{ euros diarios}$$

Sabemos que los primeros 180 días de prestación percibirá el 70 % de la base: 33,83 euros diarios.

Sabemos que los restantes días percibirá el 50 % de la base: 24,17 euros diarios.

Así, para saber lo que corresponde a cada mes habrá que aplicar la base correspondiente al número de días del mes.

Por ejemplo, durante **febrero,** cuando le corresponden 25 días de prestación al haber sido despedida el 3 de febrero (que cobra de la empresa), su prestación por desempleo ascendería a 845,75 euros (entre el 4 y el 28 de febrero, ambos inclusive: 33,83 euros x 25 días).

Durante marzo, su prestación ascendería a 1.048,73 euros (33,83 euros x 31 días).

Durante abril, su prestación ascendería a 1.014,90 euros (33,83 euros x 30 días).

Superados los primeros 180 días de prestación:

En marzo del año siguiente, su prestación ascendería a 749,27 euros (24,17 euros x 31 días).

En abril del año siguiente,, su prestación ascendería a 725,10 euros (24,17 euros x 30 días).

Actividades

1. ¿En qué se distinguen las prestaciones de tipo económico de las prestaciones en especie (o no económicas)?
2. Pon 2 ejemplos de prestaciones económicas.
3. ¿Se puede tener derecho a la protección de la salud y a la atención sanitaria sin ser español?
4. ¿Qué quiere decir que una prestación sea de carácter contributivo?
5. Pon 3 ejemplos de prestaciones de carácter contributivo.
6. Pon 3 ejemplos de prestaciones de carácter no contributivo.
7. Pon 3 ejemplos de prestaciones por muerte y supervivencia.
8. Pon 3 ejemplos de prestaciones familiares.
9. Calcula cuál sería el salario durante 6 meses de un trabajador que cobrase el Salario Mínimo Interprofesional.
10. Calcula cuál sería el límite mínimo de una prestación si nos dijeran que este no puede superar en 1,5 veces el IPREM mensual.
11. Enumera dos prestaciones para las que se utiliza el IPREM y para fijar qué cuantía.
12. ¿Quién presta los servicios de asistencia sanitaria?
13. ¿Se puede tener la condición de asegurado para la asistencia sanitaria sin ser español?
14. ¿Está cubierta por la Seguridad Social la llamada "recuperación profesional"?
15. ¿En qué se distinguen la cartera común y la cartera suplementaria de servicios del Sistema Nacional de Salud?
16. ¿Pueden las Comunidades Autónomas ampliar las carteras de servicios de asistencia sanitaria?
17. ¿En qué se distinguen la atención primaria y la atención especializada si hablamos de asistencia sanitaria?

18. Si nos desplazamos por Europa, ¿a qué nos da derecho la Tarjeta Sanitaria Europea?

19. ¿En qué documentos podemos encontrar las bases de cotización de un trabajador?

20. Con carácter general, ¿quiénes corren a cargo del pago de las prestaciones económicas de la Seguridad Social?

21. En términos de situación de alta, ¿en qué situación está el trabajador durante una huelga?

22. Identifica las siguientes prestaciones como económicas o no económicas:

Prestación	Económica/No económica
Incapacidad temporal	
Atención sanitaria	
Atención farmacéutica	
Seguro escolar	

23. Identifica los siguientes supuestos como de accidente de trabajo, accidente no laboral, enfermedad común o enfermedad profesional.

Caso	Tipo
Trabajador sanitario que se contagia al manipular muestras de sangre	
Trabajador que se precipita al vacío al tender la ropa en su casa	
Trabajador no sanitario con gripe	
Rotura de hueso por aplastamiento al caer una caja en el almacén de la empresa	
Rotura de muñeca al tropezar y caer el trabajador en el parking de la empresa	
Silicosis en el sector de la minería del carbón	

24. Calcula el importe de la **base reguladora diaria por incapacidad temporal derivada de contingencias comunes y de contingencias profesionales, para cada caso,** en los siguientes supuestos en que la baja se produce en el mes señalado:

Trabajador	BCCC mes anterior	BC AT y EP mes anterior	Horas extra mes anterior	Grupo de cotización	Horas extra año anterior	Mes de la baja
Alicia	850	850	-	8	2000	mayo
María	1000	1250	250	2	2500	enero
Juan	650	700	50	10	-	julio
Jaime	2240	2240	-	1	4000	marzo
Pablo (1/2 jornada)	400	400	-	3	-	noviembre

25. Con los datos del supuesto anterior, calcula para cada caso lo siguiente:

a) **Alicia**

Tiene una baja por IT derivada de un accidente no laboral.

Coge la baja el 6 de mayo.

1) *Calcula lo que percibe durante el mes de mayo si está el resto del mes de baja y no hay mejora voluntaria.*

b) **Marta**

Tiene una baja por IT derivada de un accidente de trabajo.

El accidente tiene lugar el día 14 de enero. La baja dura 75 días.

1) *¿Percibirá prestación por IT en el mes de marzo?*

2) *¿Qué importe percibirá por IT durante el mes de febrero?*

c) **Juan**

Tiene una baja por IT derivada de una enfermedad común.

Coge la baja el 28 de julio. El empresario está acogido a mejora voluntaria y paga el 60 % de la base reguladora.

La baja tiene una duración total de 8 días.

1) *Calcula el importe total de la baja por los 8 días y señala quién abona el importe en cada caso.*

d) **Jaime**

Tiene una baja por IT derivada de una enfermedad profesional.

La baja comienza el 3 de marzo y dura 155 días.

1) *Calcula el importe total que Jaime percibirá por prestaciones por IT.*

e) **Pablo**

Tiene una baja por IT derivada de enfermedad común que comienza el 9 de noviembre y termina el 8 de diciembre. Es un trabajador con contrato a media jornada. No hay mejora voluntaria en la empresa.

1) *Calcula qué importe de la prestación durante el mes de noviembre correrá a cargo de la empresa.*

2) *Calcula qué importe de la prestación durante el mes de noviembre correrá a cargo del INSS o la Mutua.*

3) *Calcula el importe de la prestación que percibirá por IT en diciembre y quién corre a cargo de la misma.*

26. Calcula cuál será el importe diario de la prestación por riesgo durante el embarazo o lactancia natural, en los casos de estas dos trabajadoras:

Trabajadora	Edad	Cotización previa	BCCC mes anterior	BC AT y EP mes anterior	Horas extra mes anterior	Horas extra año anterior	Grupo de cotización
Marta	25	750 días	1400	1500	100	800	2
Teresa	20	300 días	700	700	-	150	8

27. Con los mismos datos del ejercicio anterior, calcula:

a) En el caso de **Marta,** lo que percibirá por nacimiento y cuidado del menor durante el mes de mayo si hubiera tenido a su hijo el día 3.

b) En el caso de **Teresa,** lo que percibirá en total por nacimiento y cuidado del menor en caso de que no cumpliese el requisito de cotización previa.

28. Teniendo en cuenta los datos del ejercicio 24, calcula el importe de la prestación por nacimiento y cuidado del menor que corresponderían a Juan y a Jaime durante el período de disfrute obligatorio en los siguientes supuestos:

a) Juan es el otro progenitor del hijo de Teresa y se trata del año 2020.

b) Jaime es el otro progenitor del hijo de Marta y se trata del año 2021.

29. Antonio tiene 35 años, ¿qué requisitos de cotización previa son necesarios para que pueda acceder a una prestación por incapacidad permanente?

30. La base reguladora de la IP de Alejandro es, en cómputo mensual, de 950 euros. Calcula:

   a) El importe de la prestación por IP si tiene reconocido un 37 % de discapacidad.

   b) El importe de la prestación mensual por IP total si tiene 58 años y tiene dificultades para encontrar otro empleo.

   c) El importe de la prestación mensual por IP absoluta si en la empresa no se respetaron las medidas de seguridad.

   d) El importe de la prestación mensual por Gran Invalidez si tenemos en cuenta si la base mínima de cotización estuviera establecida en 500 euros en el momento del hecho causante.

31. Comprueba el anexo a la Orden ESS/66/2013 (http://www.boe.es/diario_boe/txt.php?id=BOE-A-2013-892) y señala la cuantía para las siguientes situaciones de lesión permanente y no invalidante:

   a) Pérdida de las dos orejas.

   b) Pérdida de las dos mamas de la mujer.

   c) Pérdida de un riñón.

   d) Pérdida de la tercera falange distal de la mano izquierda.

   e) Limitación de la movilidad de la muñeca en un 40 %.

   f) Pérdida de tres dedos de un pie.

   g Deformación del tabique nasal.

32. Un trabajador que en 2020 se quiere jubilar, ¿qué edad mínima debe tener y qué tiempo de cotización para acceder a la jubilación con el 100 % de la base?

33. A partir de 2027, ¿qué porcentaje se aplicará a los primeros 248 meses a partir del 15º año a efectos de pensión de jubilación?

34. ¿Cuál es el importe máximo que puede alcanzar, en cómputo mensual, una pensión pública de jubilación?

35. Si el importe mensual de una pensión de viudedad son 700 euros, ¿a cuánto ascenderá el importe anual de la misma pensión?

36. En el caso de las prestaciones económicas por hijo a cargo, refleja cuál es el importe correspondiente a cada caso:

Supuesto	Importe
Hijos mayores de 18 años con discapacidad igual o superior al 75 %	
Hijos menores de 18 años sin discapacidad	
Hijos mayores de 18 años con discapacidad igual o superior al 65 %	

37. Un trabajador ha sido despedido. Cumple todos los requisitos para percibir una prestación por desempleo a partir del 1 de mayo. En los últimos 6 años ha cotizado durante 473 días en períodos discontinuos. Las bases de cotización de los últimos 180 días cotizados ascienden a 5573 euros y no ha realizado ninguna hora extra en esos días. Calcula lo siguiente:

   a) El tiempo durante el que percibirá la prestación por desempleo.

   b) El importe de la prestación por desempleo cada mes que tenga derecho.

38. Calcula el importe de la prestación por desempleo para cada mes que tenga derecho otro trabajador durante las mismas fechas, pero teniendo en cuenta estos elementos: tiene 3 hijos a su cargo y los últimos 180 días estuvo contratado a media jornada, teniendo como base de cotización durante los 180 últimos días trabajados un total de 3600 euros y sin realizar horas extraordinarias. En total, los días cotizados en los últimos 6 años ascienden a 1600 días.

39. Calcula el importe TOTAL del subsidio por desempleo de una trabajadora cuando:

   a) Ha agotado su prestación por desempleo de 120 días, no tiene cargas familiares y tiene 36 años de edad.

   b) Ha agotado su prestación por desempleo de 240 días y tiene 47 años.

   c) Ha agotado su prestación por desempleo de 180 días y tiene 40 años.

40. Calcula, para cada uno de los supuestos siguientes, la duración total del derecho a percibir prestación por desempleo:

Período previo de cotización previo (días)	Período de prestación al que tiene derecho
4000	
2000	
300	
759	
1432	
1979	
720	

41. ¿Cuál es el importe que tendrá que pagar una familia en concepto de SEGURO ESCOLAR si en el domicilio viven 3 hijos estudiantes?

a) Juan, de 29 años, estudia un máster.

b) Lola, de 23 años, estudia un grado universitario.

c) Marga, de 17 años, estudia 2º de bachillerato.

42. ¿Cuáles son los criterios a seguir para el disfrute de las 10 semanas no obligatorias en el caso de nacimiento y cuidado del menor?

43. ¿Qué diferencias tienen los adoptantes frente a los progenitores en caso de nacimiento en cuanto al disfrute de las semanas de suspensión por nacimiento y cuidado del menor?